Zitiervorschlag:

Böttger, Rechtsdienstleistungsgesetz, Auflage 2015, S.

Die Deutsche Nationalbibliothek verzeichnet diese Publikation in der Deutschen Nationalbibliografie; detaillierte bibliografische Daten sind im Internet über http://dnb.dnb.de abrufbar.

Herstellung und Verlag:
BoD – Books on Demand, Norderstedt

ISBN: 978-3-7347-6615-2

Vorwort

Sind Ausführungen zum Rechtsdienstleistungsgesetz für Wirtschaftsjuristen tatsächlich nötig? Ist es nicht selbstverständlich, dass Wirtschaftsjuristen auf dem Gebiet des Wirtschaftsrechts Rechtsdienstleistungen auf selbständiger Basis erbringen dürfen?

Diese Frage stellen sich viele Absolventen von juristischen Kombinationsstudiengängen wie zum Beispiel Wirtschaftsjuristen oder Verwaltungsjuristen.

Die selbständige Erbringung außergerichtlicher Rechtsdienstleistungen durch Wirtschaftsjuristen, oder ihnen Gleichgestellte, ist nur sehr eingeschränkt möglich. Die Wirtschaftsjuristen, die sich in die Selbständigkeit wagen, werden regelmäßig auf Unterlassung in Anspruch genommen und somit vom Markt verdrängt. Um dem entgegenzuwirken klagte sich der Bundesverband der Wirtschaftsjuristen (WJFH) bis zum Bundesverfassungsgericht durch. Die Verfassungsbeschwerde liegt nun zur Annahme. Fraglich ist nun, ob bei einer Annahmequote von 2 bis 3 Prozent auch tatsächlich über die Sache entschieden wird. Welcher Volljurist möchte schon über den Niedergang seines Monopols entscheiden müssen?

Genau aus diesem Grund sind Ausführungen nicht nur nötig, sondern auch wichtig. Die folgenden Ausführungen sollen deshalb zur Diskussion anregen und alle, die es betrifft für den Rechtsdienstleistungsmarkt sensibilisieren.

Solche Ausführungen entstehen nicht von selbst, deshalb möchte ich allen danken, die mich unterstützt haben. Besonderer Dank gilt Herrn Prof. Dr. iur. utr. Dr. rer. pol. Volker Boehme-Neßler und Frau Julia Preußer, die mich bestärkt haben, diese Ausführungen zu veröffentlichen. Ohne meine Frau, die mir den Rücken frei hielt, wäre dies hier nicht entstanden. Dafür danke ich ihr.

Berlin, Februar 2015   Marcel Böttger

Inhaltsübersicht

Abkürzungsverzeichnis

ABG I	Gesetzentwurf der Bundesregierung zur Neuregelung des Rechtsberatungsrechts vom 30.11.2006-DS 16/3655
ABG II	Beschlussempfehlung und Bericht des Rechtsausschusses zur Neuregelung des Rechtsberatungsrechts (6. Ausschuss) vom 10.10.2007-DS 16/6634
ABl. EG	Amtsblatt der Europäischen Union
Abs.	Absatz
AEUV	Vertrag über die Arbeitsweise der europäischen Union (KONSOLIDIERTE FASSUNG) vom 26.10.2012 (ABl. EG Nr. C 326, S. 1 – 390)
AktG	Aktiengesetz vom 06.09.1965 (BGBl. I S. 1089), mit Änderungen bis zum 03.07.2013 (BGBl. I S. 2586)
ALG	Gesetz über die Alterssicherung der Landwirte vom 29.07.1994 (BGBl. I S. 1890, 1891), mit Änderungen bis zum 19.10.2013 (BGBl. I S. 3836)
AnwBl.	Anwaltsblatt, Zeitschrift
AO	Abgabenordnung in der Fassung der Bekanntmachung vom 1.10.2002 (BGBl. I S. 3866; 2003 I S. 61), mit Änderungen bis zum 18.12.2013 (BGBl. I S. 4318)
Art.	Artikel
Artt.	Artikel (Pl.)
BB	Betriebs-Berater, Zeitschrift
BeckRS	Beck-Rechtsprechung

BGB	Bürgerliches Gesetzbuch in der Fassung vom 02.01.2002 (BGBl. I S. 42, 2909; 2003 I S.738) mit Änderungen bis zum 01.10.2013 (BGBl. I S. 3719)
BGBl.	Bundesgesetzblatt
BGG	Behindertengleichstellungsgesetz vom 27.04.2002 (BGBl. I S. 1467, 1468), mit Änderungen bis zum 19.12.2007 (BGBl. I S. 3024)
BQFG	Berufsqualifikationsfeststellungsgesetz vom 06.12.2011 (BGBl. I S. 2515), mit Änderungen bis zum 25.07.2013 (BGBl. I S. 2749)
BRAK	Bundesrechtsanwaltskammer
BRAO	Bundesrechtsanwaltsordnung in der BGBl. Teil III, Gliederungsnummer 303-8, veröffentlichten bereinigten Fassung, mit Änderungen bis zum 10.10.2013 (BGBl. I S. 3786)
BVerfG	Bundesverfassungsgericht
BVG	Bundesversorgungsgesetz vom 22.01.1982 (BGBl. I S. 21), mit Änderungen bis zum 14.08.2013 (BGBl. I S. 3227)
bzw.	beziehungsweise
DB	DER BETRIEB, Zeitschrift
DRiG	Deutsches Richtergesetz
DS	Der Sachverständige, Zeitschrift
DStR	Deutsches Steuerrecht, Zeitschrift
f.	folgende
ff.	und folgende
GewA	Gewerbearchiv, Zeitschrift

GewO	Gewerbeordnung in der Fassung der Bekannt-machung vom 22.02.1999 (BGBl. I S. 202), mit Änderungen bis zum 06.09.2013 (BGBl. I S. 3556)
GG	Grundgesetz in der im BGBl. Teil III, Gliede-rungsnummer 100-1, veröffentlichten bereinig-ten Fassung, mit Änderungen bis zum 11.07.2012 (BGBl. I S. 1478)
ggf.	gegebenenfalls
GRUR	Gewerblicher Rechtsschutz und Urheberrecht, Zeitschrift
GRUR-Prax	Gewerblicher Rechtsschutz und Urheberrecht. Praxis im Immaterialgüter- und Wettbewerbs-recht, Zeitschrift
HRG	Hochschulrahmengesetz in der Fassung der Bekanntmachung vom 19.01.1999 (BGBl. I S. 18), mit Änderungen bis zum 12.04.2007 (BGBl. I S. 506)
Hrsg.	Herausgeber
HTW Info	Infoblatt der Studienberatung der HTW Berlin in der Fassung von 11/2013 zum Studiengang Wirtschaftrecht, http://wr-bachelor.htw-berlin.de/fileadmin/HTW/Zentral/DE/HTW/ZHV3 _Studierendenservice/Studienberatung/Studieni nfos/Wirtschaftsrecht_BM.pdf
InsO	Insolvenzordnung vom 05.10.1994 (BGBl. I S. 2866), mit Änderungen bis zum 31.08.2013 (BGBl. I S. 3533)
Kap.	Kapitel
KMU	Kleine und mittlere Unternehmen
LL.B.	Bachelor of Laws

LL.M.	Master of Laws
LPartG	Lebenspartnerschaftsgesetz vom 16.02.2001 (BGBl. I S. 266), mit Änderungen bis zum 07.05.2013 (BGBl. I S. 1122)
lit.	Buchstabe
MDR	Monatsschrift für deutsches Recht, Zeitschrift
MediationsG	Mediationsgesetz in der Fassung vom 21.07.2012 (BGBl. I S. 1577)
Moko	Sechzehntes Hauptgutachten der Monopol- kommission 2004/2005 vom 28.05.2006-DS 16/2460
Nr.	Nummer
NJW	Neue Juristische Wochenschrift
NZI	Neue Zeitschrift für das Recht der Insolvenz und Sanierung
OLGR	Die Rechtsprechung der Oberlandesgerichte auf dem Gebiet des Zivilrechts (Jahr und Seite)
OVG	Oberverwaltungsgericht
RBerG	Rechtsberatungsgesetz
RDG	Rechtsdienstleistungsgesetz vom 12.12.2007 (BGBl. I S. 2840) mit Änderungen bis zum 1.10.2013 (BGBl. I S. 3714)
RDGEG	Einführungsgesetz zum Rechtsdienstleistungs- gesetz vom 12.12.2007 (BGBl. I S. 2840, 2846), mit Änderungen bis zum 10.10.2013 (BGBl. I S. 3786)
RDV	Rechtsdienstleistungsverordnung vom 19.06.2008 (BGBl. I S. 1069), mit Änderungen bis zum 25.07.2013 (BGBl. I S. 2749)
RL	Richtlinie

vgl.	vergleiche
VwGO	Verwaltungsgerichtsordnung vom 19.03.1991 (BGBl. I S. 686), mit Änderungen bis zum 10.10.2013 (BGBl. I S. 3786)
VwVfG	Verwaltungsverfahrensgesetz in der Fassung der Bekanntmachung vom 23.01.2003 (BGBl. I S. 102), mit Änderungen bis zum 25.07.2013 (BGBl. I S. 2749)
ZRP	Zeitschrift für Rechtspolitik

A. Einleitung

Die vorliegenden Ausführungen befassen sich mit dem deutschen Rechtsdienstleistungsgesetz (RDG). Es regelt die Befugnis zur Erbringung außergerichtlicher Rechtsdienstleistungen und soll dazu dienen, die Rechtssuchenden, den Rechtsverkehr und die Rechtsordnung vor unqualifizierten Rechtsdienstleistungen zu schützen (§ 1 Abs. 1 RDG). Es erlaubt also nicht jedem, ohne jegliche Einschränkung die Erbringung von Rechtsdienstleistungen und behält diese Tätigkeit grundsätzlich den hierzu ausdrücklich befugten Personen und Institutionen, besonders der Rechtsanwaltschaft, vor. Im Übrigen bindet es die Befugnis zur Erbringung von Rechtsdienstleistungen an das Vorliegen strenger Voraussetzungen. Die rechtliche Durchdringung aller Lebensbereiche macht eine berufliche Tätigkeit ohne die Erbringung von Rechtsdienstleistungen oft sehr schwierig, weshalb die Abgrenzung von erlaubter und verbotener Rechtsdienstleistung besonders für alle Dienstleister außerhalb der Anwaltschaft von großem Interesse sein dürfte.[1]

An den Hochschulen und Universitäten ausgebildete Wirtschaftsjuristen werden auf eine Tätigkeit als juristische Berater vorbereitet. Diese Tätigkeit dürfen sie jedoch grundsätzlich nur im Angestelltenverhältnis für ihren Arbeitgeber ausüben.[2] Die Möglichkeit außergerichtliche Rechtsdienstleistungen selbständig zu erbringen, besteht für Wirtschaftsjuristen deshalb nur sehr eingeschränkt.

Aus diesem Grunde wird den Fragen nachgegangen, welche Rechtsdienstleistungen selbständige Wirtschaftsjuristen als Dienstleister erbringen dürfen und wie umsetzbar diese gesetzlich vorgegebenen Möglichkeiten für Wirtschaftsjuristen sind.

Ferner wird ein Einblick in die Rechtslage einiger europäischer Länder gewährt. Die gewonnen Anhaltspunkte für den tendenziellen Umgang mit der Erbringung von Rechtsdienstleistungen in Europa sollen helfen, den Blick für das einschränkende nationale RDG zu schärfen.

Da die Beschränkung der Wirtschaftsjuristen durch das RDG einen Eingriff in die Grundrechte sowie Grundfreiheiten darstellen könnte, wird abschließend betrachtet, ob das RDG den verfassungs- und europarechtlichen Vorgaben in Bezug auf das Erbringen außergerichtlicher Rechtsdienstleistungen durch selbständige Wirtschaftsjuristen genügt.

Abschließend soll anhand der ausgearbeiteten Ergebnisse ein realitätsnaher, verfassungs- und europarechtlicher Blick auf das RDG geworfen werden.

---

[1] ABG I S. 30; vgl. Hk-RDG/Krenzler, Vorwort.
[2] Vgl. http://www.wjfh.de/wir-ueber-uns-uebersicht/verfassungsbeschwerde/181-hintergrund-und-informationen-zur-rdg-verfassungsbeschwerde.html, letzter Zugriff 30.07.2014, 12.30 Uhr.

Der Sprachgebrauch:

Zur besseren Lesbarkeit und Übersichtlichkeit wird auf die Verwendung von Doppelformen oder andere Kennzeichnungen für die jeweiligen Geschlechter verzichtet. Alle im Text verwendeten Personen- und Funktionsbeschreibungen stellen daher stets auf beide Geschlechter ab.

Mit Wirtschaftsjuristen sind klarstellend die Juristen gemeint, die an einer Hochschule oder Universität im Studiengang Wirtschaftsrecht oder in vergleichbaren Studiengängen den akademischen Grad LL.B. oder LL.M. erlangt haben.

B. Der Wirtschaftsjurist

Im Bereich der Hochschulausbildung wurde der zunehmenden Verrechtlichung des Wirtschaftslebens durch neue Studiengänge Rechnung getragen. Universitäten und Fachhochschulen haben wirtschaftswissenschaftliche Ausbildungsinhalte mit einem juristischen Studienschwerpunkt kombiniert. Es wurde der Studiengang Wirtschaftsrecht geschaffen. Dieser soll die Studierenden für eine Tätigkeit in einem Wirtschaftsunternehmen qualifizieren. Der Studiengang wurde anfangs an über 20 Fachhochschulen und an mehreren Universitäten angeboten. Bei den Studieninhalten entfielen mindestens 50 Prozent auf das Wirtschaftsrecht und 25 Prozent auf Betriebs- und Volkswirtschaftslehre; zusätzlich wurden Schlüsselqualifikationen (zum Beispiel Sprachen, Informatik, Rhetorik, soziale Kompetenz) angeboten. Nach einer regelmäßig achtsemestrigen Studiendauer erlangten jährlich etwa 800 Absolventen den Abschluss Diplom-Wirtschaftsjurist (FH) als berufsqualifizierenden Abschluss.[3]

Da Studierende an Universitäten kein Diplom erhielten, verliehen angesichts dieser Entwicklung auch zahlreiche Universitäten mit dem erfolgreichen Abschluss der Ersten Staatsprüfung ein universitäres Abschlussdiplom.[4]

Bereits im Wintersemester 2011/2012 begannen etwas mehr als 3.350 Studenten ein Studium des Wirtschaftsrechts an einer deutschen Hochschule.[5] Insgesamt können seit einiger Zeit an 40 Hochschulen der Bachelor und an 30 Hochschulen der Master im Wirtschaftsrecht erworben werden.[6]

Mit Umstellung auf das Bachelor-Master-System wandelte sich der Studiengang, weshalb nun der Bachelorstudiengang als Elementarstudiengang und der Masterstudiengang als Aufbaustudiengang im Folgenden kurz vorgestellt werden.

---

[3] ABG I S. 30.
[4] ABG I S. 30.
[5] Vogler, wirtschaftsjuristische Studiengänge, § 2, S. 28; dazu auch Wissenschaftsrat, Rechtswissenschaft, S. 22 f.
[6] Vogler, wirtschaftsjuristische Studiengänge, § 2, S. 29.

I. Bachelor of Laws

Das Studium zum Wirtschaftsjuristen LL.B. vermittelt fundierte Kenntnisse des Wirtschaftsrechts sowie wirtschaftswissenschaftliches Know-how. Es integriert praxisrelevante Elemente der klassischen juristischen Ausbildung ebenso wie Elemente einer betriebswirtschaftlichen Ausbildung.[7]

In der Regel erwirbt der Studierende in sieben Semestern die rechtlichen und wirtschaftswissenschaftlichen sowie fremdsprachlichen Kenntnisse, die optimal auf eine Tätigkeit in Unternehmen, Kanzleien oder wirtschaftsberatenden Berufen vorbereiten. Hierzu zählen insbesondere das allgemeine Zivil- und Handelsrecht, das Arbeitsrecht und das Gesellschaftsrecht. Sie bilden den Schwerpunkt im Basisstudium (1. bis 3. Semester). Darüber hinaus werden Kenntnisse im deutschen und europäischen Staats- und Verfassungsrecht, im Wirtschaftsverwaltungsrecht, im Steuerrecht sowie in der Durchsetzung zivilrechtlicher Ansprüche vermittelt. Das Basisstudium umfasst ferner insbesondere wesentliche Studieninhalte der allgemeinen Betriebswirtschaftslehre, der Volkswirtschaftslehre sowie des Rechnungswesens, die für die berufliche Praxis unerlässlich sind.[8]

Vom vierten bis siebten Semester liegt der Schwerpunkt auf Rechtsgebieten, die eine besondere Nähe zum Wirtschaftsleben aufweisen. Hierzu zählen insbesondere rechtliche Aspekte von Finanzierung und Investition, Kartell- und Wettbewerbsrecht, das internationale Privat- und Kaufrecht sowie das Wirtschaftsstraf- und Wirtschaftsordnungswidrigkeitenrecht.

Im fünften Semester besteht die Möglichkeit, zwei von vier praxisrelevanten Fächern zu wählen, die gezielt auf eine berufliche Tätigkeit im internationalen Bereich, im gewerblichen Rechtsschutz und Urheberrecht ebenso wie im Personal und Sozialwesen vorbereiten.

Im sechsten Semester findet ein Fachpraktikum in einem Unternehmen, einer Kanzlei oder in der öffentlichen Wirtschaftsverwaltung statt. Fremdsprachen sowie allgemeinwissenschaftliche Aspekte runden das Vertiefungsstudium ab. Die Bearbeitungszeit der Bachelorarbeit beginnt im sechsten Semester. Mit ihrer Abgabe und einem Kolloquium schließt das Studium im siebten Semester ab.[9]

Durch unterschiedliche Ausrichtungen der verschiedenen Hochschulen können die Studienschwerpunkte von Hochschule zu Hochschule im Studiengang oder ähnlichen Studiengängen durchaus differenzieren. Der Bachelor of Laws (LL.B.) ist ein berufsqualifizierender Abschluss und stellt den ersten akademischen Grad dar (§ 19 Abs. 2 HRG).

---

[7] HTW Info, S. 2 (Bachelor), letzter Zugriff 23.07.2014, 08.21 Uhr.
[8] HTW Info, S. 2 (Bachelor), letzter Zugriff 23.07.2014, 08.21 Uhr.
[9] HTW Info, S. 2 (Bachelor), letzter Zugriff 23.07.2014, 08.21 Uhr.

II.   Master of Laws

Absolventen des Masterstudiengangs Wirtschaftsrecht sollen auf der Grundlage wissenschaftlicher Erkenntnisse rechtliche und wirtschaftliche Fragestellungen in der Unternehmenspraxis eigenständig bearbeiten und praxisorientiert lösen können.[10]

Der Studiengang baut als konsekutiver Studiengang auf dem Bachelorstudiengang auf und vermittelt durch anwendungsbezogene Lehre vertiefte Kenntnisse im internationalen und speziellen Wirtschaftsrecht und der Betriebswirtschaftslehre, wobei einzelne Fachgebiete zu aufgabenbezogenen Kompetenzfeldern verknüpft sind. Neben dem Hauptschwerpunkt „Internationales Wirtschaftsrecht" kann zwischen den weiteren Schwerpunkten „Personal und Recht" und „Steuern" gewählt werden. Durch die Stärkung wissenschaftlicher Arbeitsweisen, die Hervorhebung der rechtsgestaltenden Arbeit und die durchgängig erfolgte Betonung internationaler Bezüge vermittelt das Studium die maßgeblichen Qualifikationen, um in der wirtschaftsrechtlichen Praxis als gleichwertiger Gesprächspartner für Juristen und Betriebswirte eigenverantwortlich in leitenden Funktionen tätig werden zu können. Dies schließt wirtschaftliche, ökologische, soziale und rechtspolitische Aspekte ein. Der Studiengang rundet die im Bachelorstudium erworbenen fachsprachlichen Kenntnisse ab und fördert durch die Vermittlung von Schlüsselqualifikationen die Fähigkeit zu selbständigem Arbeiten und unterstützt die Entwicklung der eigenständigen Persönlichkeit. Mit dem erfolgreichen Abschluss des Studiums sind Absolventen in der Lage, auch komplexe Probleme des Wirtschaftsrechts zu erfassen, im unternehmerischen Kontext zu analysieren und unter Verwendung wissenschaftlicher Methoden zu lösen. Durch die erworbenen Kenntnisse in der Rechtsgestaltung sind Absolventen besonders in der Lage, relevante Problemfelder bereits im Voraus zu erkennen und möglichen Konflikten auch unter Einbeziehung fachfremder Entscheidungsträger entgegenzuwirken.[11]

Der Master of Laws (LL.M.) ist ein berufsqualifizierender Abschluss und stellt den zweiten akademischen Grad dar (§ 19 Abs. 3 HRG).

III.   Zusammenfassung

Der (LL.B.) sowie der (LL.M.) sind berufsqualifizierend (§ 19 Abs. 2 und 3 HRG) und sollen Wirtschaftsjuristen die freie Ausübung des Berufs ermöglichen. In der Praxis sind Wirtschaftsjuristen unter anderem, entsprechend ihrer jeweiligen Spezialisierung, in der Lage, komplexe juristische Probleme zu erfassen und entsprechend zu würdigen. Sie führen einzelfallbezogene juristische Prüfungen durch, welche sie grundsätzlich nur im

---

[10] HTW Info, S. 2 (Master), letzter Zugriff 23.07.2014, 08.21 Uhr.
[11] HTW Info, S. 2 (Master), letzter Zugriff 23.07.2014, 08.21 Uhr.

Angestelltenverhältnis (in Unternehmen, Kanzleien, wirtschaftsberatenden Berufen, auch öffentlichen Verwaltungen) als Arbeitsleistung erbringen dürfen.

Die selbständige Erbringung einzelfallbezogener juristischer Prüfungen durch Wirtschaftsjuristen ist nicht vorgesehen, da diese nur in dem Umfang zulässig ist, in dem sie durch das RDG oder aufgrund anderer Gesetze erlaubt wird. (§ 3 i. V. m. § 2 Abs. 1 RDG).

C. Entwicklung zum Rechtsdienstleistungsgesetz (RDG)

Ab 1869 galt für die Rechtsbesorgung die Gewerbefreiheit. An Nichtanwälte wurden keine besonderen Anforderungen gestellt. Im Fall der Unzuverlässigkeit gab es lediglich eine gewerberechtliche Untersagungsmöglichkeit.[12]

Durch das faschistische Regime wurde 1935 das „Gesetz zur Verhütung von Missbräuchen auf dem Gebiet der Rechtsberatung" erlassen. Rechtsbesorgung war fortan an die Erteilung einer Erlaubnis gebunden.[13] Das Gesetz sollte hauptsächlich dafür Sorge tragen, dass Juristen jüdischer Abstammung aus der Rechtsberatung verdrängt werden.[14]

1945 wurde das Gesetz ohne die antijüdischen Vorschriften durch die Rechtsprechung bestätigt und schließlich 1958 unter geänderter Überschrift „Rechtsberatungsgesetz" (RBerG) in die Sammlung der Bundesgesetze aufgenommen, ohne dass eine sorgfältige Prüfung seiner Verfassungsmäßigkeit vorgenommen wurde.[15]

Das RBerG galt jahrzehntelang unangefochten. Am umfassenden Verbot mit Erlaubnisvorbehalt anstelle der früheren Gewerbefreiheit wurde bis zum Rechtsdienstleistungsgesetz festgehalten. Es wurde durch den Gesetzgeber und die Rechtsprechung sogar noch erheblich ausgeweitet.[16]

1980 schaffte der Gesetzgeber den 1935 noch aufrechterhaltenen Beruf des Vollrechtsbeistands ab. Zuvor konnten auch Nichtanwälte Dritte umfassend juristisch beraten. Ab 1980 war die umfassende Rechtsberatung allein weitgehend Rechtsanwälten vorbehalten.[17] Auch die Rechtsprechung weitete das RBerG übermäßig aus. Der Anwendungsbereich wurde z. B. auf die Rechtsberatung in der Presse ausgedehnt.[18] Durch geänderte Rechtsprechung wurde 1960 auch den Rechtsschutzversicherungen die Möglichkeit der Rechtsberatung genommen.[19]

---

[12] Kleine-Cosack-RDG, S. 26, Rn. 5; dazu auch Moko S. 375, Rn. 885.

[13] Kleine-Cosack-RDG, S. 26, Rn. 6; dazu auch Moko S. 375, Rn. 885.

[14] Kleine-Cosack-RDG, S. 26, Rn. 7; Kleine-Cosack, DS 2009, S. 179; dazu auch Hk-RDG/Krenzler, § 1, Rn. 1; Unseld/Degen, RDG, Vorwort; ausführlich zur jüdischen Verdrängung siehe Rücker, AnwBl 2007, S. 801 ff.; auch zur nationalsozialistischen Entwicklung Rüping, AnwBl 2007, S. 809 ff.

[15] Kleine-Cosack-RDG, S. 27, Rn. 8; dazu auch Moko S. 375, Rn. 885.

[16] Kleine-Cosack-RDG, S. 28, Rn. 9.

[17] Kleine-Cosack-RDG, S. 28, Rn. 10.

[18] Kleine-Cosack-RDG, S. 28, Rn. 11.

[19] Kleine-Cosack-RDG, S. 28, Rn. 11.

Durch gänzlichen Verzicht auf eine teleologische- und verfassungskonforme Auslegung soll das RBerG bis 1998 von Gerichten und der Anwaltschaft, zur Stärkung des Anwaltsmonopols, instrumentalisiert worden sein. Der Anwendungsbereich des RBerG wurde ohne Rücksicht auf Einzelfälle exzessiv z. B. bei Rechtsberatung in den Medien und auf unentgeltliche Rechtsberatung bei karitativen Organisationen ausgeweitet.[20] Auf Druck des EuGH[21] erging 1998 dann die Masterpatententscheidung des BVerfG[22], welche erste Korrekturen des Erlaubnisvorbehaltes vorsahen, zunächst jedoch folgenlos blieb.[23]

In den folgenden Jahren hat die Rechtsprechung den überfälligen Schritt zur Einschränkung des RBerG vollzogen.[24] Angesichts dieser Entwicklungen wurde in einer Koalitionsvereinbarung der Bundesregierung festgehalten, dass das RBerG an die wirtschaftlichen, politischen und sozialen Bedürfnisse angepasst werden sollte.[25] Der 65. Deutsche Juristentag 2004, der sich laut Kleine-Cosack einseitig an Anwaltsinteressen orientierte, brachte einen sorgfältig begründeten Entwurf vor, um die öffentliche Diskussion in Gang zu setzen.[26] 2005 wurde ein Referentenentwurf und 2006 ein Regierungsentwurf vorgelegt.[27]

„Am 09.05.2007 fand eine einseitig „anwaltlich orientierte" Anhörung mit – partiell – durch keinerlei Sachverstand in dem Spezialgebiet ausgewiesenen – weitgehend reformfeindlichen – sog. „Sachverständigen" statt"[28], welche zu trivialen Textkorrekturen und der Streichung einer echten Reformbestimmung betreffend die Erbringung von Rechtsdienstleistungen in Zusammenarbeit mit Rechtsanwälten führte.[29] Das Parlament beschränkte letztlich die Novellierung des Rechtsberatungsrechts überwiegend auf die „Legalisierung" der in den Jahren zuvor ergangen liberalen Rechtsprechung zum RBerG.[30]

Der Bundestag billigte am 11.10.2007 und der Bundesrat am 09.11.2007 in der Fassung des Rechtsausschusses das Gesetzespaket. Verkündet wurde das „Gesetz zur Neuregelung des Rechtsberatungsrechts" am 17.12.2007 im Bundesgesetzblatt[31] und trat am 01.07.2008 in Kraft.

---

[20] Laut Kleine-Cosack-RDG, S. 28, Rn. 11.

[21] EuGH, Urteil vom 25.07.1991 - Rs C-76/90, NJW 1991, S. 2693.

[22] BVerfG, Beschluß vom 29.10.1997 - 1 BvR 780–87, NJW 1998, S. 3481.

[23] Kleine-Cosack-RDG, S. 29, Rn. 13.

[24] Kleine-Cosack-RDG, S. 29, Rn. 13.

[25] Kleine-Cosack-RDG, S. 30, Rn. 14

[26] Kleine-Cosack-RDG, S. 30, Rn. 14; äußert sich nicht zur Interessenlage Hk-RDG/Krenzler, § 1, Rn. 2 ff.

[27] ABG I = BT-Drs. 16/3655; s. dazu Kleine-Cosack DB 2006 S. 2797 ff.; Kleine-Cosack-RDG, S. 31, Rn. 15.

[28] So Kleine-Cosack-RDG, S. 31, Rn. 15.

[29] ABG II = BT-Drs. 16/6634; So Kleine-Cosack-RDG, S. 31, Rn. 15.

[30] Kleine-Cosack-RDG, S. 31, Rn. 15.

[31] BGBl. I, S. 2840; s. u. a. Kleine-Cosack BB 2007 S. 2637 ff.; Sabel, AnwBl. 2007 S. 816 ff.; Kleine-Cosack-RDG, S. 31, Rn. 15.

Zusammenfassend kann festgehalten werden, dass im Rahmen der dargestellten Entwicklung der Rechtsdienstleistungsmarkt in Deutschland eine liberale Phase durchlief, in der es grundsätzlich jedem offen stand, Rechtsdienstleistungen zu erbringen. Es wurden keine besonderen Anforderungen an Nichtanwälte, die selbständig Rechtsdienstleistungen erbringen wollten, gestellt. Im Laufe der Zeit entwickelte sich eine Monopolstellung für Rechtsanwälte, welche viele Jahre vorherrschte. Diese wurde dann teilweise durch die Rechtsprechung (BVerfG, EuGH) aufgebrochen und führte letztlich, auch um sich dem nationalsozialistischen Beigeschmack zu entledigen, zum Rechtsdienstleistungsgesetz (RDG).

D. Erbringung von außergerichtlichen Rechtsdienstleistungen in Deutschland

Das deutsche Recht differenziert nach gerichtlichen und außergerichtlichen Rechtsdienstleistungen. Im RDG wird die Befugnis zur Erbringung außergerichtlicher Rechtsdienstleistungen geregelt. Dies soll dazu dienen, die Rechtsuchenden, den Rechtsverkehr und die Rechtsordnung vor unqualifizierten Rechtsdienstleistungen zu schützen (§ 1 Abs. 1 RDG). Der Anwendungsbereich umfasst ausdrücklich nur außergerichtliche Rechtsdienstleistungen. Wer gerichtliche Rechtsdienstleistungen erbringen darf, bestimmt sich nach den jeweiligen Verfahrensordnungen.[32]

Die wesentliche Funktion des RDG als Verbotsgesetz mit Erlaubnisvorbehalt besteht darin, dass Verträge, die auf die Erbringung von verbotenen Rechtsdienstleistungen gerichtet sind, gemäß § 134 BGB nichtig sind.[33] Insbesondere führt das dazu, dass keine Vergütungsansprüche durch den unzulässig Tätigwerdenden begründet werden.[34] Leistungserbringer, die sich über das Verbot hinwegsetzen, müssen zudem damit rechnen, von Mitbewerbern (in der Regel Rechtsanwälte) auf Unterlassung wegen unlauterem Wettbewerbs (entsprechend §§ 3, 4 Nr. 11 UWG) in Anspruch genommen zu werden.[35]

I. Der außergerichtliche Rechtsdienstleistungsbegriff

Eine Legaldefinition zur Rechtsdienstleistung findet sich in § 2 Abs. 1 RDG, wonach eine Rechtsdienstleistung jede Tätigkeit in konkreten fremden Angelegenheiten ist, sobald sie eine rechtliche Prüfung des Einzelfalls erfordert.

„Nicht jede „Tätigkeit, die darauf gerichtet und geeignet ist, konkrete fremde Rechtsangelegenheiten zu verwirklichen oder fremde Rechtsverhältnisse zu gestalten", ist deshalb

---

[32] ABG I S. 33, 44 f.; dazu auch Kleine-Cosack-RDG, S. 138, Rn. 2 f.
[33] Hk-RDG/Krenzler, § 1, Rn. 7 ff.
[34] Hk-RDG/Krenzler, § 1, Rn. 9.
[35] Hk-RDG/Krenzler, § 1, Rn. 10; weiterführend Harte-Bavendamm/Henning-Bodewig/v. Jagow, UWG, § 4 Nr. 11, Rn. 108 ff.

auch bereits Rechtsdienstleistung. Erforderlich ist vielmehr, dass die Rechtsberatung oder Rechtsbesorgung eine besondere Prüfung der Rechtslage im Sinn eines juristischen Subsumtionsvorgangs voraussetzt."[36]

„Werden rechtliche Vorgänge nach der maßgeblichen Verkehrsanschauung ohne eine individuelle rechtliche Prüfung abgewickelt – etwa in allen Fällen des schlichten Vertreterhandelns – oder ist die rechtliche Beurteilung einer Frage auch für juristische Laien so leicht und eindeutig, dass es einer besonderen juristischen Prüfung nicht bedarf, so liegt keine Rechtsdienstleistung vor. Aufgrund dieser Definition fallen allgemeine Rechtsauskünfte oder rechtsbesorgende Bagatelltätigkeiten sowie jede Geschäftsbesorgung, die keine besondere rechtliche Prüfung erfordert, von vornherein nicht in den Anwendungsbereich des Verbotsgesetzes. Diese Tätigkeiten sind keine „Rechtsberatung im rechtstechnischen Sinn" und damit stets erlaubnisfrei zulässig."[37]

Außergerichtlich ist eine Rechtsdienstleistung, wenn kein Gericht ihr Adressat ist.[38] In den Anwendungsbereich des RDG fällt somit neben der Beratung der Mandantschaft auch ihre Vertretung gegenüber Dritten. Sofern keine verfahrensrechtlichen Sonderregelungen bestehen, zählt dazu auch die außergerichtliche Vertretung von Personen in Verfahren vor Behörden.[39]

Außergerichtliche Rechtsdienstleistungen können auch mit gerichtlichen Verfahren in Verbindung stehen. Beispielsweise kann dies bei Verhandlungen mit dem Prozessgegner, ohne Beteiligung des Gerichts, die während des bereits anhängigen gerichtlichen Mahn- oder Klageverfahrens geführt werden, der Fall sein.[40] Auch bei der Einleitung von Vollstreckungshandlungen durch Beauftragung des Gerichtsvollziehers und die fortlaufende Beratung einer Prozesspartei sowie die Vorbereitung von Schriftsatzentwürfen an das Gericht stellen außergerichtliche Tätigkeiten dar.[41]

Soweit keine vorrangige Spezialregelung eingreift, richtet sich die Zulässigkeit solcher nicht an das Gericht adressierten und damit außergerichtlichen Handlungen nach dem RDG. Damit stellen sich alle Hilfeleistungen mit Bezug auf ein gerichtliches Verfahren entweder als außergerichtliche (RDG) oder als gerichtliche nach den Verfahrensordnungen zu beurteilende Handlungen dar. Aufgrund der weiten Auslegung des Begriffs „außergerichtlich" ist eine Anwendungslücke, wonach die Zulässigkeit einer Tätigkeit weder

---

[36] ABG I S. 35; weiterführend zur Entstehungsgeschichte der Definition Hk-RDG/Krenzler, § 2, Rn. 3 ff.

[37] ABG I S. 35.

[38] Kleine-Cosack, DS 2009, S. 179 (180).

[39] Kleine-Cosack-RDG, S. 139, Rn. 4.

[40] BVerfG, Beschluss vom 14.08.2004 - 1 BvR 725/03, NJW-RR 2004, S. 1570; ABG I S. 45; vgl. Kleine-Cosack-RDG, S. 139, Rn. 5.

[41] ABG I S. 45; vgl. Kleine-Cosack-RDG, S. 139, Rn. 5.

nach dem RDG noch nach einer Verfahrensordnung zu beurteilen wäre, ausgeschlossen.[42]

II. Inkassodienstleistungen

Unabhängig vom Vorliegen der Voraussetzungen des § 2 Abs. 1 RDG ist die Einziehung fremder oder zum Zweck der Einziehung auf fremde Rechnung abgetretener Forderungen, wenn die Forderungseinziehung als eigenständiges Geschäft betrieben wird (Inkassodienstleistung), Rechtsdienstleistung im Sinne des RDG (§ 2 Abs. 2 RDG).

Nur Fälle der Forderungseinziehung auf fremde Rechnung sollen als Inkassodienstleistungen reguliert werden. Der Regulation bedürfen somit Einziehungstätigkeiten aufgrund einer Inkassovollmacht oder Ermächtigung, bei denen die einzuziehende Forderung nicht nur wirtschaftlich, sondern auch formal fremd ist.[43]

Daneben soll auch der Forderungseinzug aufgrund einer Inkassozession[44] erfasst werden, weil hier die formale Forderungsinhaberschaft auf den Einziehenden übertragen wird, die Einziehung aber weiterhin auf Risiko und Rechnung des Abtretenden (Zedenten) erfolgt und für den Dritten (Inkassostelle) wirtschaftlich fremd bleibt.[45]

Die Forderungseinziehung im Fall der Sicherungszession, die erst nach Eintritt des Sicherungsfalls zulässig ist und daher wesentlich im eigenen Interesse des neuen Gläubigers (Zessionars) erfolgt, ist dagegen keine Forderungseinziehung auf fremde Rechnung.[46]

Fälle, bei denen ein endgültiger fremder Forderungserwerb stattfindet und das Risiko des Forderungsausfalls auf den Erwerber übergeht (Factoring)[47], sind grundlegend von der Inkassozession zu trennen. In diesen Fällen erfolgen die Prüfung der Werthaltigkeit der Forderung und die spätere Geltendmachung gegenüber dem Schuldner nicht im Interesse des Verkäufers, sondern einzig und allein im Interesse und auf Gefahr sowie Rechnung des Käufers. Somit handelt es sich um primär wirtschaftlich geprägte Finanztransaktionen und nicht um Inkassodienstleistungen im Sinne des RDG.[48]

Die Sicherungszession sowie das Factoring sollen aus dem Anwendungsbereich des RDG insgesamt ausgenommen bleiben.[49]

---

[42] ABG I S. 45; vgl. Kleine-Cosack-RDG, S. 139, Rn. 5.

[43] ABG I S. 48; ähnlich Kleine-Cosack-RDG, S. 193, Rn. 69; dazu auch Henssler, DB 2008, S. 41 (42).

[44] Ausführlicher unter http://wirtschaftslexikon.gabler.de/Archiv/10514/inkassoabtretung-v8.html, letzter Zugriff 01.08.2014, 15.30 Uhr.

[45] ABG I S. 48.

[46] ABG I S. 48.

[47] Ausführlicher unter http://wirtschaftslexikon.gabler.de/Archiv/1387/factoring-v12.html, letzter Zugriff 01.08.2014, 15.30 Uhr.

[48] ABG I S. 48.

[49] Entsprechend der Entscheidung des Bundesverwaltungsgerichts zur Nichtanwendbarkeit des § 1 der 5. Ausführungsverordnung zum RBerG (BVerwG, Urteil vom 16.07.2003 - 6 C 27/02, NJW 2003, S. 2767).

Entscheidend für die Zuordnung, ob eine Inkassodienstleistung (Rechtsdienstleistung im Sinne des RDG) vorliegt, ist demzufolge die Frage nach der endgültigen Übertragung der Forderung auf den Ankäufer sowie die Frage, wer das Bonitätsrisiko übernimmt. Wird eine Forderung z. B. endgültig auf den Ankäufer übertragen und trägt dieser auch das Ausfallrisiko, wird der Anwendungsbereich des RDG nicht berührt[50], da es sich um wirtschaftlich geprägte Finanztransaktionen handelt.[51]

III. Keine Rechtsdienstleistungen

In § 2 Abs. 3 RDG werden klarstellend sechs Ausnahmen durch den Gesetzgeber festgelegt, welche keine Rechtsdienstleistung im Sinne des RDG darstellen. Den Anwendungsbereich des RDG berühren nicht:

1. die Erstellung wissenschaftlicher Gutachten,
2. schiedsrichterliche und schlichtende Tätigkeiten,
3. Betriebsratstätigkeiten, soweit diese einen Bezug zu rechtlichen Belangen der Arbeitnehmer aufweisen,
4. die außergerichtliche Streitbeilegung (Mediation),
5. die Rechtsberatung in den Medien und
6. die Rechtsberatung im gesellschaftsrechtlichen Konzern.[52]

Gleichfalls erlaubt sind Rechtsdienstleistungen im Zusammenhang mit einer anderen Tätigkeit, wenn sie als Nebenleistung zum Berufs- oder Tätigkeitsbild gehören. (§ 5 Abs. 1 RDG).

1. Erstellung wissenschaftlicher Gutachten

Erfasst werden nur Rechtsgutachten; medizinische, technische oder ähnliche Gutachten dagegen jedoch nicht. Regelmäßig wird bei diesen bereits der Anwendungsbereich des § 2 Abs. 1 RDG nicht eröffnet sein. Für rechtswissenschaftliche Gutachten ist die Ausnahmeregelung jedoch erforderlich, weil die Gutachtertätigkeit typischerweise nicht nur allgemeine rechtstheoretische oder rechtstatsächliche Gutachten, sondern gerade auch die Erstellung einzelfallbezogener Rechtsgutachten mit einschließt.[53]

Die schlichte Erteilung eines Gutachtens über allgemein interessierende rechtliche Fragen jedoch wäre ohnehin keine Rechtsdienstleistung im Sinne des § 2 Abs. 1 RDG und somit auch ohne die Legalausnahme in § 2 Abs. 2 Nr. 1 RDG erlaubnisfrei.[54]

---

[50] BGH, Beschluss vom 11.06.2013 – II ZR 247/11, BeckRS 2013, 12810, Rn. 3.
[51] Kleine-Cosack-RDG, S. 193, Rn. 69.
[52] ABG I S. 49; ähnlich Kleine-Cosack-RDG, S. 205, Rn. 101 ff.
[53] ABG I S. 49 f.; ähnlich Kleine-Cosack-RDG, S. 206, Rn. 106.
[54] Kleine-Cosack-RDG, S. 206 f., Rn. 106.

Die Erstellung eines rechtswissenschaftlich begründeten Schiedsgutachtens, das über die rechtliche Prüfung und Wertung hinaus aufgrund einer Vereinbarung der Parteien auch eine bindende rechtliche Wirkung entfalten kann, fällt auch in den Anwendungsbereich des § 2 Abs. 3 Nr. 1 RDG.[55]

Wirtschaftsjuristen dürfen dementsprechend selbständig Rechtsgutachten erstellen. Darin könnte eine Chance für den Aufbau einer Selbständigkeit liegen. In der Regel erhalten jedoch nur Juristen mit entsprechendem Ruf und jahrelanger praktischer Erfahrung auf dem jeweiligen Rechtsgebiet solche Mandate. Für junge, bereits selbständige Absolventen, die Rechtsgutachten für Mandanten anfertigen möchten, aber noch nicht über jahrelange Erfahrung und den entsprechenden Ruf verfügen, dürfte die Erstellung von Rechtsgutachten somit keine realistische Chance auf Selbständigkeit, direkt nach dem Studium oder als Erweiterung des Dienstleistungsspektrums, bieten. Ob sich eine Selbständigkeit nur mit der Erstellung von Rechtsgutachten finanzieren lässt, ist zudem fragwürdig. Eher ist davon auszugehen, dass dies nicht der Fall ist.

2. schiedsrichterliche und schlichtende Tätigkeiten

Die Tätigkeit der Schlichtungsstellen ist keine Rechtsdienstleistung im Sinne des RDG und ähnelt eher der Tätigkeit eines Richters oder Schiedsrichters. Sie ist regelmäßig auf eine Entscheidung des Rechtsstreites in einer weniger verbindlichen Form ausgerichtet. Beispiele hierfür können Schiedsstellen für Textilreinigungsschäden, das Ombudsmannverfahren der privaten Banken sowie der Ombudsmann für Versicherungen sein.[56]

Die Tätigkeit der grenzüberschreitend agierenden Europäischen Verbraucherzentren zur außergerichtlichen Beilegung von Streitigkeiten zwischen Verbrauchern und Unternehmern aus verschiedenen Staaten im Rahmen des Netzes der Europäischen Verbraucherzentren (ECC-Net) sowie die betrieblichen Einigungsstellen gemäß § 76 des Betriebsverfassungsgesetzes (BetrVG) und die dort in Bezug genommenen tariflichen Schlichtungsstellen sind Schlichtungsstellen im Sinne des § 2 Abs. 3 Nr. 2 RDG.[57] Die schiedsrichterliche Tätigkeit wie sie im 10. Buch der Zivilprozessordnung (§§ 1025 ff. ZPO) geregelt ist, unterfällt der Vorschrift sowie jede sonstige schiedsrichterliche Tätigkeit.[58]

Wirtschaftsjuristen könnten sich somit selbständig als Schiedsrichter verdingen. An die Expertise des Schiedsrichters wird durch Gesetz (§§ 1025 ff. ZPO) keine besonderen Anforderungen gestellt. Jedoch gilt hier auch das, was bei der Erstellung von Rechtsgutachten bereits ausgeführt wurde. In der Regel besteht das Schiedsgericht aus drei

---

[55] ABG I S. 50.; Kleine-Cosack-RDG, S. 207, Rn. 107.
[56] ABG I S. 50; Kleine-Cosack-RDG, S. 207, Rn. 110 ff.
[57] ABG I S. 50; Kleine-Cosack-RDG, S. 207, Rn. 110 ff.
[58] ABG I S. 50; Hk-RDG/Offermann-Burckart, § 2 Rn. 201; Kleine-Cosack-RDG, S. 207, Rn. 115.

Schiedsrichtern, wobei jede Partei einen Schiedsrichter stellt (§ 1034 Abs. 1 ZPO). Unternehmen möchten für sich natürlich einen Vertreter im Schiedsgericht, der über einen entsprechenden Ruf sowie jahrelange praktische Erfahrung auf dem jeweiligen Gebiet verfügt. Auch hier dürften viele Absolventen, die das Studium gerade erst abgeschlossen haben oder einfach ihr Dienstleistungsangebot erweitern wollen, auf eine kaum zu überwindente Hürde treffen, da sie diese Voraussetzungen in der Regel nicht vorweisen können. Absolventen, die nach ihrem Abschluss gern selbständig schiedsrichterlich tätig werden möchten, bietet diese Tätigkeit somit kaum Chancen, weil sie sich in der Regel den nötigen Ruf sowie die praktische Erfahrung erst in einem abhängigen Beschäftigungsverhältnis erarbeiten müssen.

3. Interessenvertretungen von Beschäftigten

Erlaubnisfrei ist nach § 2 Abs. 3 Nr. 3 RDG die Erörterung der die Beschäftigten berührenden Rechtsfragen mit ihren gewählten Interessenvertretungen, soweit ein Zusammenhang zu den Aufgaben dieser Vertretungen besteht; letztlich sind hier „eigene" Rechtsangelegenheiten des Betriebs- oder Personalrats gemeint.[59] Um etwaige Zweifel hinsichtlich der zulässigen Tätigkeit von Betriebsräten oder Schwerbehindertenvertretungen nicht erst aufkommen zu lassen, wurde deren Tätigkeit insgesamt vom Anwendungsbereich des RDG ausgenommen. Insbesondere ist die Tätigkeit von Betriebsräten oder Schwerbehindertenvertretungen etwa im Rahmen von Sprechstunden nach § 39 BetrVG durch § 2 Abs. 3 Nr. 3 erfasst.[60]

Die Vorschrift gilt auch für andere Personalvertretungen. In der Beschlussempfehlung des Rechtsausschusses zum Gesetzentwurf der Bundesregierung führt der Rechtsausschuss explizit aus, „dass die Vorschrift nicht nur für Betriebsräte, sondern auch für die Personalvertretungen der Beamten und die Vertretungen der Richter, Soldaten, Zivildienstleistenden oder kirchlichen Beschäftigten gilt".[61]

Eine Befugnisausweitung von Personalvertretungen geht damit nicht einher. Sinn und Zweck von § 2 Abs. 3 Nr. 3 RDG sei nicht, echte Rechtsdienstleistungen durch Betriebsräte oder Personalvertretungen erlaubnisfrei zu stellen. Nummer 3 erfasst deshalb nur die „Erörterung" bestimmter Rechtsfragen mit Bezug zu Arbeitnehmer- und Personalvertretungsangelegenheiten, da es sich hierbei um Tätigkeiten handelt, die nicht Dienstleistung für Dritte, sondern Teil der eigenen Aufgabenwahrnehmung der Personalvertretung sind.[62]

Die Vorschrift zu Erörterung der die Beschäftigten berührenden Rechtsfragen mit ihren gewählten Interessenvertretungen (§ 2 Abs. 3 Nr. 3 RDG) ist für Wirtschaftsjuristen, die

---

[59] Kleine-Cosack-RDG, S. 208, Rn. 117.
[60] ABG I S. 50; Kleine-Cosack-RDG, S. 208, Rn. 117.
[61] ABG II S. 51; Kleine-Cosack-RDG, S. 208, Rn. 118.
[62] ABG II S. 51; Kleine-Cosack-RDG, S. 209, Rn. 118.

schon selbständig sind oder sich selbständig machen wollen, bedeutungslos. Hier geht es lediglich darum, dass abhängig Beschäftigte Interessenvertreter im Rahmen ihrer Tätigkeit Rechtsrat erteilen dürfen.

4. Mediation und jede vergleichbare Form der alternativen Streitbeilegung

Als Mediation wird ein vertrauliches und strukturiertes (außergerichtliches) Verfahren bezeichnet, bei dem Parteien mithilfe eines oder mehrerer Mediatoren freiwillig und eigenverantwortlich eine einvernehmliche Beilegung ihres Konflikts anstreben (§ 1 Abs. 1 MediationsG).[63] Ein Mediator ist eine unabhängige, neutrale Person ohne Entscheidungsbefugnis, die die Parteien durch die Mediation führt (§ 1 Abs. 2 MediationsG).

Die Hauptleistung des Mediators besteht in der Gesprächsleitung. Die Mediation kann auch juristische Regelungsmöglichkeiten zur Diskussion stellen, soll den Konfliktparteien jedoch die Gestaltung ihrer Rechtsverhältnisse eigenverantwortlich überlassen. Sofern sich die Tätigkeit eines Mediators in solch einem Rahmen bewegt, soll keine Rechtsdienstleistung vorliegen.[64]

Vergleichbares gilt für ähnliche, nicht ausdrücklich als Mediation bezeichnete Streitbeilegungsformen. Diese Streitbelegungsformen sind der Mediation gleichgestellt. Entscheidend für die Gleichstellung soll stets der gesprächsleitende Charakter der Tätigkeit sein.[65]

Greift der Mediator dagegen gestaltend durch juristische Regelungsvorschläge in die Gespräche der Streitparteien ein, können diese Regelungsvorschläge Rechtsdienstleistungen im Sinne des RDG sein. Es soll sich in solchen Fällen nicht mehr um eine (reine) Mediation, sondern um eine Streitlösung mit (auch) rechtlichen Mitteln handeln, bei denen sich der nichtanwaltliche Mediator nicht auf § 2 Abs. 3 Nr. 4 berufen kann.[66] Soweit der juristische Teil der Tätigkeit in solchen Fällen dann nicht gemäß § 5 Abs. 1 RDG (Nebenleistungen) erlaubt ist, steht dem Mediator nur die Zusammenarbeit mit einer Person offen, die befugt ist entsprechende Rechtsdienstleistungen zu erbringen (z. B. Rechtsanwälte).[67]

Auch die Abfassung einer abschließenden Vereinbarung kann, wenn rechtliche Inhalte betroffen sind, den Tatbestand der erlaubnispflichtigen Rechtsdienstleistung erfüllen. Die reine Protokollierung des erzielten Mediationsergebnisses hingegen ist keine erlaubnispflichtige Rechtsdienstleistung sondern Mediationstätigkeit.[68]

---

[63] Zur Mediation ausführlich Horstmeier, Mediation, S. 6, Rn. 15 ff.
[64] ABG I S. 50; Kleine-Cosack-RDG, S. 213, Rn. 127.
[65] ABG I S. 50; Kleine-Cosack-RDG, S. 213, Rn. 125.
[66] Henssler, DB 2008, S. 41 (43).
[67] ABG I S. 50; Kleine-Cosack-RDG, S. 214, Rn. 129.
[68] ABG I S. 50; Kleine-Cosack-RDG, S. 214, Rn. 128.

Der Mediator hat somit stets darauf zu achten, dass er die Grenze zur erlaubnispflichtigen Rechtsdienstleistung nicht überschreitet. Die Praxis bedient sich Rechtsanwälten als Co-Mediatoren, um schwerpunktmäßig rechtlich orientierte Mediation durchzuführen.[69]

Für Wirtschaftsjuristen bietet die Mediation eine echte Chance, selbständig (jedoch grundsätzlich nicht juristisch beratend) tätig zu werden. Das originäre Ziel der Erbringung selbständiger juristischer Rechtsdienstleistungen wird zwar verfehlt (Ausnahme § 5 Abs. 1 RDG – Nebenleistung zur Haupttätigkeit), jedoch bietet das RDG dem Wirtschaftsjuristen ein selbständiges Betätigungsfeld. Der junge Absolvent könnte sich sogar als „zertifizierter Mediator" bezeichnen, weil es derzeit noch keine staatlich geregelte Zertifizierung zum „zertifizierten Mediator" gibt. An einer entsprechenden Rechtsverordnung durch das Bundesministerium der Justiz und Verbraucherschutz (BMJV) zur Zertifizierung, entsprechend § 5 Abs. 2 i.V.m. § 6 MediationsG, mangelt es noch. Die Nutzung dieser Bezeichnung ist jedoch mit Vorsicht zu genießen. Gemäß § 5 Abs. 1 Nr. 3 UWG stellt die Nutzung der Bezeichnung, sofern der Nutzer nicht tatsächlich entsprechend zertifiziert ist, eine irreführende geschäftliche Handlung, welche unlauter und somit verboten ist, dar (§ 3 UWG). Wird dann die Rechtsverordnung entsprechend des Verordnungsentwurfs „Zertifizierte-Mediatoren-Ausbildungs-Verordnung – ZMediatAusbV"[70], wie in § 2 des Entwurfs vorgesehen, umgesetzt, bedarf es zur Führung des Titels „zertifizierter Mediator" zukünftig eines berufsqualifizierenden Abschlusses einer Berufsausbildung oder eines Hochschulstudiums sowie einer mindestens zweijährigen praktischen beruflichen Tätigkeit. Der Verordnungsgeber setzt hier ein Hochschulstudium mit einer Berufsausbildung gleich.[71]

Für die selbständige Erbringung von Mediationsleistungen ist der Titel jedoch nicht nötig. Gemäß § 5 Abs. 1 MediationsG stellt der Mediator in eigener Verantwortung durch eine geeignete Ausbildung und eine regelmäßige Fortbildung sicher, dass er über theoretische Kenntnisse sowie praktische Erfahrungen verfügt, um die Parteien in sachkundiger Weise durch die Mediation führen zu können. Blauäugig sollten sich selbständige Wirtschaftsjuristen jedoch nicht in den Mediationsmarkt stürzen, da dieses relativ neue Berufsfeld von

---

[69] AGB II S. 52; Kleine-Cosack-RDG, S. 214, Rn. 129; dagegen Mankowski MDR 2001, S. 1197 (1200); auch Horstmeier, Mediation, S. 166, Rn. 485 ff.

[70] BMJV Verordnungsentwurf vom 31.01.2014, http://www.bmjv.de/SharedDocs/Downloads/DE/pdfs/Verordnungsentwurf_ueber_die_Aus_und_Fortbildung_von_zertifizierten_Mediatoren.pdf;jsessionid=EA11BBA6FCE396187581CA9F8151FD32.1_cid334?__blob=publicationFile, Zugriff 09.05.2014, 14.52 Uhr.

[71] BMJV Verordnungsentwurf vom 31.01.2014, http://www.bmjv.de/SharedDocs/Downloads/DE/pdfs/Verordnungsentwurf_ueber_die_Aus_und_Fortbildung_von_zertifizierten_Mediatoren.pdf;jsessionid=EA11BBA6FCE396187581CA9F8151FD32.1_cid334?__blob=publicationFile, Seite 3, Zugriff 09.05.2014, 14.52 Uhr.

vielen Berufsgruppen stark umkämpft wird (z.B. Religionswissenschaftlern, Germanisten, Rechtsanwälten, Kaufleuten, Pädagogen, Ingenieuren, Psychologen u.s.w.).[72]

5. Darstellung, Erörterung von Rechtsfragen und Rechtsfällen in den Medien

Die Aufnahme der Medien in den Katalog in den § 2 Abs. 3 des RDG hat klarstellenden Charakter und trägt den Entscheidungen der Judikatur[73] zur Rechtsberatung in den Medien Rechnung.[74] Nach dieser ist nicht nur die generell-abstrakte Behandlung von Rechtsfragen in Presse und Rundfunk, sondern auch die aus Gründen der Veranschaulichung und Vertiefung erfolgende Darstellung konkreter einzelner Streitfälle immer von der Rundfunkfreiheit (Art. 5 Abs. 1 S. 2 GG) gedeckt und damit ohne weiteres zulässig.[75]

Eine in diesem Rahmen erfolgende Berichterstattung stellt auch dann keine Rechtsdienstleistung dar, wenn durch die hiervon ausgehende Wirkung die Durchsetzung von Forderungen aufgrund des öffentlichen Drucks bewirkt wird (z. B. Litigation-PR[76]).[77]

Medien, die spezifische juristische Hilfestellung (als zusätzliches Dienstleistungsangebot) bei der Prüfung und Durchsetzung von Individualansprüchen anbieten, sollen sich jedoch nicht auf die Rundfunkfreiheit beziehen können.[78] In diesen Fällen bedarf es der gesonderten Einschaltung eines Rechtsanwalts oder eines anderen zur selbständigen Erbringung von Rechtsdienstleistungen befugten Berufsangehörigen (z. B. Steuerberater).[79]

Wirtschaftsjuristen eröffnet sich somit ein Tätigkeitsfeld. Sie können auf selbständiger Basis medienwirksam Rechtsfragen zu bestimmten Fällen darstellen und erörtern. Zum Beispiel wären Auftritte in diversen Talkshows oder renommierten Nachrichtensendungen als „Fachmann" vorstellbar. Auch das Verfassen von Artikeln zu Rechtsfragen wäre in bestimmten Fällen möglich.

Fraglich ist nur, ob die Medien einen jungen Absolventen, der in der Regel keinerlei praktische Erfahrung vorweisen kann, als „Fachmann" für Ausstrahlungen oder Autor in Erwägung ziehen würden. In der Regel werden nach Erachten des Verfassers dafür mindestens promovierte Akademiker konsultiert. Die Frage, ob allein solch eine Tätigkeit

---

[72] Betrachtung nur für den Großraum Berlin, http://www.mediator-finden.de/berlin, Zugriff 23.05.2014, 13.29 Uhr.

[73] BVerfG (1. Kammer des Ersten Senats), Beschluss vom 11.3.2004 - 1 BvR 517/99 u. 1 BvR 313/99, NJW 2004, S. 1855; BGH, Urteil vom 6.12.2001 - I ZR 316/98, NJW 2002, S. 2877; BGH, Urteil vom 6.12. 2001 - I ZR 101/99, NJW 2002, S. 2879.

[74] ABG I S. 50; Kleine-Cosack-RDG, S. 218, Rn. 138.

[75] ABG I S. 50; Kleine-Cosack-RDG, S. 218, Rn. 134 ff.

[76] http://de.wikipedia.org/wiki/Litigation-PR, letzter Zugriff 27.06.2014, 11.47 Uhr.

[77] ABG I S. 50; Kleine-Cosack-RDG, S. 220, Rn. 140 ff.; zur Macht der Medien auch Boehme-Neßler, Legal Tribune Online 2014, http://www.lto.de/recht/hintergruende/h/bverfg-urteil-1-bvf-1-11-zdf-staatsvertrag-verfassungswidrig/, Zugriff 12.05.2014, 13.39 Uhr.

[78] ABG I S. 50.

[79] ABG II S. 52.

tatsächlich eine Selbständigkeit nachhaltig finanzieren kann, soll im Rahmen der Bearbeitung nicht beantwortet werden.

Die Chance, die sich hier für Wirtschaftsjuristen darstellt, ist demnach stark zu relativieren. Im Einzelfall vermag die Darstellung und Erörterung von Rechtsfragen in den Medien eine gute Möglichkeit für den Aufbau einer Selbständigkeit sein. Für den Großteil an Wirtschaftsjuristen bleibt sie jedoch kaum greifbar.

6. Rechtsangelegenheiten innerhalb verbundener Unternehmen

Die Erledigung von Rechtsangelegenheiten zwischen verbundenen Unternehmen (im Sinne v. § 15 AktG) sind mangels Fremdheit des Geschäfts keine Rechtsdienstleistungen im Sinne des RDG. Im Unternehmensverbund ist daher die Erledigung aller Rechtsangelegenheiten, einschließlich der Forderungseinziehung nach § 2 Abs. 2 RDG (Konzerninkasso), durch ein dem Unternehmensverbund zugehöriges Unternehmen gestattet. Der Umfang der Unternehmensbeteiligung ist dabei unerheblich, soweit es sich nur um verbundene Unternehmen im Sinne v. § 15 AktG handelt.[80]

Für Wirtschaftsjuristen, die selbständig Rechtsdienstleistungen erbringen wollen, ist § 2 Abs. 3 Nr. 6 RDG ohne Belang. Die Erledigung von Rechtsangelegenheiten zwischen verbundenen Unternehmen bezieht sich auf ein abhängiges Beschäftigungsverhältnis, welches bei dem Aufbau einer selbständigen Existenzgrundlage nicht angestrebt wird. Diese Regelung eröffnet somit keine Chance zur Erbringung selbständiger Rechtsdienstleistungen durch Wirtschaftsjuristen.

IV. Erlaubnisfreie Rechtsdienstleistungen

1. Nebenleistungen zum Berufs- oder Tätigkeitsbild

Tätigkeiten im Zusammenhang mit einer anderen Tätigkeit sind gleichfalls keine Rechtsdienstleistung, wenn sie als Nebenleistung zum Berufs- oder Tätigkeitsbild gehören. Ob eine solche vorliegt, ist nach ihrem Inhalt, Umfang und sachlichen Zusammenhang mit der Haupttätigkeit unter Berücksichtigung der Rechtskenntnisse zu beurteilen, die für die Haupttätigkeit erforderlich sind (§ 5 Abs. 1 RDG). Als erlaubnisfreie Nebenleistungen gelten ferner die Testamentsvollstreckung, die Haus- und Wohnungsverwaltung sowie die Fördermittelberatung (§ 5 Abs. 2 RDG).

a) Erlaubnisfreiheit gemäß § 5 Abs. 1 RDG

Für die Einordnung als Nebentätigkeit oder prägende Tätigkeit ist somit einerseits der Umfang und Inhalt der rechtsdienstleistenden Nebenleistung, andererseits der sachliche

---

[80] ABG I S. 50 f.; Kleine-Cosack-RDG, S. 222, Rn. 144 f.

Zusammenhang zwischen Haupt und Nebentätigkeit sowie die für die Erbringung der allgemeinen Dienstleistung erforderliche juristische Qualifikation zu prüfen.[81]

aa) Nebenleistung nach Inhalt und Umfang

Bei der Gewichtung der Haupt- und Nebentätigkeit soll es nicht allein auf den (Zeit-) Anteil der rechtsdienstleistenden Tätigkeit an der Gesamttätigkeit ankommen, sondern auch und vor allem auf die Schwierigkeit und Komplexität der Rechtsdienstleistung. Dass eine Rechtsdienstleistung im Einzelfall eine besondere, vom Strafrecht geschützte Vertraulichkeit sowie Verschwiegenheit des Rechtsdienstleistenden erfordert, soll ebenso in die Gewichtung einfließen wie die objektiv zu beurteilende Bedeutung der Rechtsfrage für den Rechtsuchenden.[82]

Zu prüfen ist somit, ob für eine Tätigkeit die rechtliche Ausbildung des Rechtsanwalts oder seine besondere Pflichtenstellung im Rechtssystem nötig ist oder ob es im Kern gerade nicht um eine umfassende Rechtsberatung geht und somit die berufliche Stellung und Qualifikation des nichtanwaltlichen Dienstleisters, wie sie bei Wirtschaftsjuristen, Betriebswirten oder Diplomkaufleuten auch im juristischen Bereich vorhanden sind, für den rechtsdienstleistenden Teil der Gesamtleistung ausreicht.[83]

Der Anwendungsbereich von § 5 RDG ist somit nur eröffnet, wenn der Dienstleister überhaupt zwei Geschäfte besorgt. Das zu seiner eigentlichen Berufsaufgabe gehörende nichtjuristische Hauptgeschäft sowie ein Nebengeschäft das gemäß §§ 2, 3 RDG erlaubnispflichtig ist.[84]

(1) nichtrechtliches Hauptgeschäft

Von entscheidender Bedeutung ist, ob das Hauptgeschäft als überwiegend rechtlich oder als wirtschaftlich geprägt anzusehen ist. Im Vordergrund muss das nichtrechtliche Hauptgeschäft stehen.[85]

Maßgeblich für die Beurteilung ist, ob nach der Verkehrsanschauung die Rechtsdienstleistung innerhalb der Gesamtleistung ein solches Gewicht hat, dass nicht mehr nur von einer Nebenleistung ausgegangen werden kann bzw. dass für sie die besondere Sachkunde einer registrierten Person oder die Kompetenz eines Rechtsanwalts erforderlich ist.[86]

---

[81] ABG I S. 54; dazu Kleine-Cosack-RDG, S. 254, Rn. 30 ff.
[82] ABG I S. 54; Kleine-Cosack-RDG, S. 255, Rn. 33 ff.
[83] ABG I S. 54; Kleine-Cosack-RDG, S. 255, Rn. 33 ff.
[84] Kleine-Cosack-RDG, S. 256, Rn. 34.
[85] Kleine-Cosack-RDG, S. 256, Rn. 35.
[86] Kleine-Cosack-RDG, S. 256, Rn. 36.

(2) Objektive Schwerpunktbestimmung

Rechtsdienstleistungen können als Nebenleistungen nicht beliebig vereinbart werden. Stets ist erforderlich, dass eine innere, inhaltliche Verbindung zur Haupttätigkeit besteht. Ob eine Nebenleistung vorliegt, ist objektiv an den Kriterien des § 5 Abs. 1 S. 2 RDG zu messen.[87]

Soweit im Rahmen einer beruflichen Tätigkeit besondere rechtliche Beratungs-, Aufklärungs- oder Obliegenheitspflichten bestehen, handelt es sich – wenn überhaupt die Schwelle zur Rechtsdienstleistung überschritten wurde und nicht allgemeine rechtliche Hinweise erteilt werden – um typische zulässige Nebenleistungen, weil ohne sie die eigentliche Tätigkeit nicht ordnungsgemäß erbracht werden kann.[88]

(3) Umfang

Ob die Dienstleistung ohne die rechtliche Nebenleistung nicht ordnungsgemäß erbracht werden kann, soll jedoch nicht allein ausschlaggebend sein. Im Einzelfall können die rechtlichen Nebenleistungen einen „beachtlichen Umfang" an der Gesamtleistung erlangen.[89]

(4) Einzelne Dienstleistung oder Gesamtbetrachtung

Regelmäßig werden Dienstleistungen in Form von Dauermandaten erbracht. Würde nun auf einzelne Dienstleistungen bezüglich der Mandantschaft abgestellt werden, könnte in solchen Fällen die erbrachte rechtliche Nebenleistung ggf. nicht mehr nach § 5 Abs. 1 RDG erlaubnisfrei sein. Gleiches gilt für ausgegliederte bzw. outgesourcte Rechtsdienstleistungen.[90] Deshalb ist die rechtliche sowie wirtschaftliche Gesamtbetrachtung maßgeblich und nicht die einzelne Dienstleistung. Bei einer auf verschiedenen Verträgen beruhenden Dienstleistung ist deshalb auf alle Verträge abzustellen.[91]

bb) Sachlicher Zusammenhang

Wenn nach Inhalt und Umfang eine Nebenleistung rechtsdienstleistender Art vorliegt, richtet sich die Erlaubnisfreiheit danach, ob sie in einem sachlichen Zusammenhang mit der Hauptdienstleistung steht. Der sachliche Zusammenhang zwischen Haupt- und Nebenleistung bestimmt sich somit über die erforderliche Zugehörigkeit von Haupt- und Nebenleistung.[92]

---

[87] ABG I S. 52; Kleine-Cosack-RDG, S. 257, Rn. 37.
[88] ABG I S. 52; Kleine-Cosack-RDG, S. 257, Rn. 38.
[89] Vgl. BVerwG, Urteil vom 27.10.2004 - 6 C 30/03, NJW 2005, S. 1293; Kleine-Cosack-RDG, S. 258, Rn. 39.
[90] Kleine-Cosack-RDG, S. 258, Rn. 40 ff.
[91] OLG Köln, Urteil vom 11.4.2014 - 6 U 187/13, BeckRS 2014, 08743; Kleine-Cosack-RDG, S. 259, Rn. 42 f.
[92] ABG I, S. 54; Kleine-Cosack-RDG, S. 260, Rn. 44.

Stets ist eine innere, inhaltliche Verbindung zur Haupttätigkeit nötig, für deren Bestimmung das Berufs- oder Tätigkeitsbild maßgeblich sein kann. Letztlich soll jedoch entscheidend sein, ob die juristische Qualifikation vorhanden ist.[93]

(1) Innere, inhaltliche Verbindung

Zwischen der Haupt- und Nebentätigkeit soll (nur) ein sachlicher Zusammenhang erforderlich sein. Bezüglich nichtrechtlicher Haupt- und rechtsdienstleistender Nebentätigkeit muss somit eine objektive innere, inhaltliche Verbindung bestehen, so dass rechtsdienstleistende Nebentätigkeiten nicht beliebig vereinbart werden können.[94]

(2) Berufs- oder Tätigkeitsbild

Das Berufs- oder Tätigkeitsbild ist gleichfalls bedeutsam für das Vorliegen eines sachlichen Zusammenhangs. Die berufliche Qualifikation bei Berufen, die keine oder nur geringe rechtliche Kenntnisse erfordern, kann in erheblicher Weise einschränkend wirken.[95] *„Abzustellen ist dabei im Sinn einer typisierenden Betrachtung stets auf die Berufsqualifikation, die allgemein für die – nicht rechtsdienstleistende – Haupttätigkeit erforderlich ist. Maßgeblich ist demnach etwa, welche Ausbildung die Tätigkeit eines Kfz-Meisters erfordert; ohne Bedeutung ist, ob der Kfz-Meister vielleicht auch ein juristisches Studium absolviert hat."[96]* Überlieferte Berufsbilder können jedoch im Wandel der Zeit nicht unmittelbar festlegen, ob die rechtsdienstleistende Nebentätigkeit vom Berufs- oder Tätigkeitsbild gedeckt ist.[97]

(3) Rechtskenntnisse

Der Passus zu den erforderlichen Rechtskenntnissen in Bezug auf die Haupttätigkeit wurde in Anlehnung an die Rechtsprechung zu Artikel 1 § 5 RBerG im RDG verankert. Dieser soll den nicht primär rechtsdienstleistenden Berufen die verfassungsrechtlich gebotenen Freiräume eröffnen, welche ihnen aufgrund ihrer beruflichen Qualifikation entsprechend zustehen.[98] Durch die Berücksichtigung der beruflichen Qualifikation soll diesem Verfassungsanspruch Rechnung getragen werden. Die Berücksichtigung soll als Ausgleich für die Nichteinführung einzelner Teilerlaubnisse für zahlreiche Einzelberufe oder einer allgemeinen Rechtsdienstleistungsbefugnis unterhalb der Rechtsanwaltschaft dienen.[99] Das Abstellen auf die erforderlichen Rechtskenntnisse bezüglich der Haupttätigkeit scheint jedoch fragwürdig. Die Haupttätigkeit ist ja ohnehin erlaubnisfrei. Hier liegt der

---

[93] ABG I, S. 54; Kleine-Cosack-RDG, S. 260, Rn. 44.
[94] Kleine-Cosack-RDG, S. 260, Rn. 45 f.
[95] ABG I, S. 54; Kleine-Cosack-RDG, S. 263, Rn. 51 ff.
[96] ABG I, S. 54.
[97] Kleine-Cosack-RDG, S. 264, Rn. 53, 57.
[98] ABG I, S. 54; Kleine-Cosack-RDG, S. 269, Rn. 66 ff.
[99] ABG I, S. 54; Kleine-Cosack-RDG, S. 269, Rn. 67.

Fokus allein auf der Erlaubnispflicht der Nebenleistung, welche wegen des sachlichen Zusammenhangs mit der Haupttätigkeit erlaubnisfrei sein soll.[100]

Das RDG dient dazu, die Rechtsuchenden, den Rechtsverkehr und die Rechtsordnung vor unqualifizierten Rechtsdienstleistungen zu schützen (§ 1 Abs. 1 Satz 2 RDG). Die teleologische Auslegung gebietet es, in solchen Fällen auf die Qualifikation des Dienstleisters bezüglich der zu erbringenden rechtsdienstleistenden Nebenleistung abzustellen. Schließlich stellt sich letztendlich die Frage, ob der Dienstleister in der Lage ist, die angebotene Nebenleistung in entsprechender Qualität (wie vom RDG gefordert) zu erbringen.[101]

cc) Selbständige Erbringung von Rechtsdienstleistungen als Nebenleistung durch Wirtschaftsjuristen entsprechend § 5 Abs. 1 RDG

Die Erbringung von Rechtsdienstleistungen als Nebenleistung durch Wirtschaftsjuristen, ist demnach nur in engen Grenzen erlaubnisfrei. Es muss eine nichtjuristische Haupttätigkeit vorliegen und nur wenn die zu erbringende Rechtsdienstleistung eine innere, inhaltliche Verbindung zur Haupttätigkeit vorweist, kann die Nebenleistung erlaubnisfrei sein (entsprechend § 5 Abs. 1 Satz 2 RDG).

Um in der Selbständigkeit also Rechtsdienstleistungen in einem sehr eingeschränkten Bereich als Nebenleistung erbringen zu dürfen, muss sich der Wirtschaftsjurist erst ein nichtjuristisches Kerngeschäft aufbauen. Hat er das vollbracht, darf er im Rahmen seines Kerngeschäftes juristische Nebenleistungen erbringen.

Für Wirtschaftsjuristen, bei denen das Kerngeschäft gerade in der Erbringung juristischer Rechtsdienstleistungen liegen soll, bietet § 5 Abs. 1 RDG dementsprechend keine Möglichkeit einer selbständigen Betätigung.

b) Erlaubnisfreiheit gemäß § 5 Abs. 2 RDG

Die Testamentsvollstreckung, die Haus- und Wohnungsverwaltung sowie die Fördermittelberatung sind für die Praxis bedeutsame Fälle. Es wird für diese abschließend aufgeführten Tätigkeiten unwiderleglich vermutet, dass diese stets erlaubt sind, auch wenn der rechtsdienstleistende Teil der Tätigkeit im Einzelfall ein solches Gewicht erlangen kann, dass er per Definition des Absatzes 1 nicht immer als bloße Nebenleistung anzusehen wäre. In diesen Fällen ist jedoch, wie in den Fällen des Absatzes 1, Voraussetzung, dass die Rechtsdienstleistung im Zusammenhang mit den eben genannten Tätigkeiten steht.[102] Rechtsdienstleistungen, die eine gewisse Nähe zu diesen Tätigkeiten aufweisen, aber nicht zu dem eigentlichen Tätigkeitsbild gehören, sollen hiervon nicht erfasst sein. So soll

---

[100] Kleine-Cosack-RDG, S. 271, Rn. 69 f.
[101] Kleine-Cosack-RDG, S. 271, Rn. 69.
[102] ABG I, S. 54; Kleine-Cosack-RDG, S. 272, Rn. 71 ff.

es z. B. nicht Aufgabe des Testamentsvollstreckers oder Fördermittelberaters sein, aus Anlass der Testamentsvollstreckung oder Fördermittelberatung auftretende gesellschaftsrechtliche Fragen – etwa durch die Beratung über die Gestaltung eines Gesellschaftsvertrages – zu beantworten.[103]

aa) Testamentsvollstreckung

Die Testamentsvollstreckung ist entsprechend § 5 Abs. 2 Nr. 1 RDG erlaubnisfrei. Banken, Sparkassen, Wirtschaftsprüfungsunternehmen, Steuerberater oder sonstige vom Erblasser eingesetzte Personen, die geschäftsmäßig Testamentsvollstreckungen übernehmen, dürfen innerhalb der Testamentsvollstreckung alle anfallenden Rechtsdienstleistungen erbringen, unabhängig davon, ob es sich um einen Fall der Verwaltungs- oder Abwicklungsvollstreckung handelt und ob der Testamentsvollstrecker vom Erblasser oder vom Nachlassgericht eingesetzt wurde.[104]

Von der Freistellung erfasst sind allerdings nur Tätigkeiten, die auch im Rahmen der Testamentsvollstreckung selbst anfallen. Beratung im Vorfeld einer möglichen Testamentsvollstreckertätigkeit beinhaltet die Freistellung nicht. Eine der Testamentsvollstreckung zeitlich und logisch vorgelagerte Beratung gehört somit ebenso wenig wie der Entwurf einer letztwilligen Verfügung zur Testamentsvollstreckung und steht auch nicht im Zusammenhang mit der Tätigkeit des Testamentsvollstreckers. Eine scharfe Trennung soll hier erforderlich sein.[105]

Bei nötiger Beurteilung rechtlicher Fragen im Rahmen der Testamentsvollstreckung, insbesondere bei der Abwicklungsvollstreckung, soll erforderlich sein, dass der Testamentsvollstrecker seinerseits Rechtsrat einholen könne und müsse, was jedoch im Einzelfall zu beurteilen sei.[106] Holt der Testamentsvollstrecker im Zweifel keinen Rechtsrat ein, verletzt er diese Pflicht und haftet für entstehende Schäden gemäß § 2219 Abs. 1 BGB sowohl gegenüber den Erben als auch gegenüber betroffenen Vermächtnisnehmern.[107]

bb) Haus- und Wohnungsverwaltung

Ausdrücklich von § 5 Abs. 2 Nr. 2 RDG sind neben Verwaltern von Mietwohnungen auch die Wohnungsverwalter nach dem Wohnungseigentumsgesetz erfasst, soweit diese nicht die Gemeinschaft ohnehin gesetzlich vertreten.[108]

Dazu bedarf es jedoch eines Verwalterstatus. Die Verwaltertätigkeit soll eine selbständige quasi treuhänderische Tätigkeit von gewisser Dauer sein[109], die über die bloße technische

---

[103] ABG I, S. 54 f.; Kleine-Cosack-RDG, S. 273, Rn. 74.

[104] ABG I, S. 55; Kleine-Cosack-RDG, S. 272, Rn. 76 ff.; vgl. Hk-RDG/Krenzler, § 5, Rn. 108.

[105] ABG I, S. 55; Kleine-Cosack-RDG, S. 274, Rn. 79 f.; vgl. Hk-RDG/Krenzler, § 5, Rn. 116.

[106] ABG I, S. 55; Kleine-Cosack-RDG, S. 274, Rn. 77 ff.

[107] ABG I, S. 56; vgl. Hk-RDG/Krenzler, § 5, Rn. 109.

[108] ABG I, S. 56, Kleine-Cosack-RDG, S. 284, Rn. 93; vgl. Hk-RDG/Krenzler, § 5, Rn. 118 ff.

Aufrechterhaltung des Gebäudes bzw. über die Durchsetzung der Hausordnung hinausgeht.[110]

Ein Hausmeister ist somit kein Verwalter im Sinne des RDG. Auch soll der bloße Mieteinziehungsauftrag zur Begründung eins Verwalterstatus nicht ausreichen.[111] Das Recht Mietverträge abzuschließen, den Mietzins festzusetzen sowie die Hausordnung aufzustellen und zu überwachen, soll gleichfalls nicht genügen.[112] Wichtigstes Indiz für das Vorliegen einer Hausverwalterstellung soll die Tatsache sein, dass der Verwalter auch über die Ausgaben entscheiden kann.[113]

cc) Fördermittelberatung

Die Fördermittelberatung ist von wachsender Bedeutung für das Wirtschaftsleben.[114] *„Spezialisierte Fördermittelberater können durch ihre Kenntnisse Existenzgründungen maßgeblich unterstützen und fördern. Ihre im Kern unternehmensberatende Tätigkeit lässt sich ohne rechtsdienstleistenden Teil, insbesondere die Hilfestellung und Vertretung bei der Beantragung nationaler oder europäischer Fördergelder, nicht erbringen."*[115]

Wie bei der Testamentsvollstreckung sind deshalb alle im Zusammenhang mit der Fördermittelberatung zu erbringenden Rechtsdienstleistungen zulässig.[116]

Für den nichtanwaltlichen Fördermittelberater besteht dabei jedoch die – vertraglich übernommene – Pflicht, juristisch qualifizierten, anwaltlichen Rat einzuholen, sobald seine eigenen Kenntnisse für die sachgerechte Beratung und Vertretung des Rechtsuchenden nicht mehr ausreichen. Offen ist jedoch, ab wann ein Fördermittelberater bei seiner Tätigkeit im Einzelfall unzulässigerweise Rechtsrat erteilt, wenn er seine Pflicht zur Beteiligung eines Rechtsanwalts verletzt. Eine Verletzung der vertraglich übernommenen Pflicht, welche stets nur im Einzelfall zu prüfen ist, löst Haftungsansprüche aus.[117]

Für Tätigkeiten von Unternehmensberatern, die nicht im Zusammenhang mit der Erlangung von Fördermitteln stehen, gelten die Regelungen des § 5 Abs. 1 RDG. Umfassende Rechtsdienstleistungen in den Bereichen Unternehmensgründung, Unternehmensnachfolge und Unternehmensübertragung sowie auf rechtlich ähnlich komplexen Gebieten sind

---

[109] LG Düsseldorf, Urteil vom 29.5.1963 - 11 S 73/63 b, NJW 1963, S. 1500 (1501); Kleine-Cosack-RDG, S. 284, Rn. 95.

[110] Zur Hausverwaltung: LG Mainz, Urteil vom 13.04.2011 - 4 O 243/10, BeckRS 2013, 02028; Kleine-Cosack-RDG, S. 284, Rn. 95.

[111] LG Düsseldorf, Urteil vom 29.5.1963 - 11 S 73/63 b, NJW 1963, S. 1500 f.; Kleine-Cosack-RDG, S. 284, Rn. 95.

[112] LG Düsseldorf, Urteil vom 29.5.1963 - 11 S 73/63 b, NJW 1963, S. 1500 (1501); Kleine-Cosack-RDG, S. 284, Rn. 95.

[113] LG Düsseldorf, Urteil vom 29.05.1963 - 11 S 73/63 b, NJW 1963, S. 1500 (1501); vgl. auch LG Aachen, Urteil vom 16.2.1988 - 41 O 197/87, VersR 1989, S. 164; Kleine-Cosack-RDG, S. 284, Rn. 95.

[114] ABG I, S. 56; Kleine-Cosack-RDG, S. 286, Rn. 99 ff.; vgl. Hk-RDG/Krenzler, § 5, Rn. 121.

[115] ABG I, S. 56.

[116] ABG I, S. 56.

[117] ABG I, S. 56; Kleine-Cosack-RDG, S. 287, Rn. 101; vgl. Hk-RDG/Krenzler, § 5, Rn. 121.

daher regelmäßig nur in Kooperation mit Rechtsanwälten möglich, bei denen die Eigenständigkeit der Aufträge bzw. Mandate gewahrt bleibt. Eine Zusammenarbeit von Rechtsanwälten mit nichtanwaltlichen Unternehmern in der Weise, dass der Anwalt als „Erfüllungsgehilfe" des Unternehmers tätig wird, ist nicht möglich.[118]

dd) Selbständige Erbringung von Rechtsdienstleistungen als Nebenleistung durch Wirtschaftsjuristen entsprechend § 5 Abs. 2 RDG

Damit der Wirtschaftsjurist in der Testamentsvollstreckung, Haus- und Wohnungsverwaltung sowie der Fördermittelberatung Rechtsdienstleistungen erbringen kann, benötigt er wie in § 5 Abs. 1 RDG vorgesehen ein nichtjuristisches Kerngeschäft, welches einen Bezug zur Testamentsvollstreckung, Haus- und Wohnungsverwaltung oder der Fördermittelberatung hat. Wie bereits ausgeführt[119], ist für Wirtschaftsjuristen, bei denen das Kerngeschäft gerade in der Erbringung juristischer Rechtsdienstleistungen liegen soll, die Erbringung von Rechtsdienstleistungen als Nebenleistung deshalb keine Option für den Aufbau einer Selbständigkeit.

2. Unentgeltliche Rechtsdienstleistungen

Erlaubt sind Rechtsdienstleistungen, die nicht im Zusammenhang mit einer entgeltlichen Tätigkeit stehen (§ 6 Abs. 1 RDG).

Wer jedoch unentgeltliche Rechtsdienstleistungen außerhalb familiärer, nachbarschaftlicher oder ähnlich enger persönlicher Beziehungen erbringt, muss sicherstellen, dass die Rechtsdienstleistung durch eine Person, der die entgeltliche Erbringung dieser Rechtsdienstleistung erlaubt ist, die Befähigung zum Richteramt hat oder unter Anleitung einer solchen Person erfolgt.

Anleitung erfordert eine an Umfang und Inhalt der zu erbringenden Rechtsdienstleistungen ausgerichtete Einweisung und Fortbildung sowie eine Mitwirkung bei der Erbringung der Rechtsdienstleistung, soweit dies im Einzelfall erforderlich ist (§ 6 Abs. 2 RDG).

Grundsätzlich sind unentgeltliche Rechtsdienstleistungen somit zulässig, soweit sich nicht aus anderen Gesetzen, etwa der Bundesrechtsanwaltsordnung (BRAO) oder dem Gesetz gegen unlauteren Wettbewerb (UWG), ein Verbot unentgeltlicher Tätigkeiten ergibt.[120]

a) Erlaubnisfreiheit bei Unentgeltlichkeit gem. § 6 Abs. 1 RDG

Der Begriff der Unentgeltlichkeit ist, entsprechend den Zielen der Vorschrift sowie dem einschränkenden Wortlaut, autonom auszulegen. Sie erfordert stets, dass die konkret erbrachte Rechtsdienstleistung von keiner materiellen Gegenleistung abhängt.[121]

---

[118] ABG I, S. 56; Kleine-Cosack-RDG, S. 286, Rn. 99 ff; ABG II, S. 52.
[119] Siehe unter D. IV. 1. a) cc).
[120] ABG I, S. 57; Kleine-Cosack-RDG, S. 433, Rn. 1; siehe auch Müller, MDR 2008, S. 357.

aa) Gegenleistung

Entgeltlichkeit soll vorliegen, wenn die Rechtsdienstleistung nach dem Willen des Dienstleistenden und des Rechtsuchenden von einer Gegenleistung des Rechtsuchenden abhängig sein soll. Als Gegenleistung kommt nicht nur eine monetäre Entlohnung, sondern auch jeder andere Vermögensvorteil in Betracht, den der Rechtsdienstleistende für seine Leistung erhalten soll.[122]

bb) Zusammenhang mit entgeltlicher Tätigkeit

Entgeltlichkeit im Sinn des RDG soll auch dann vorliegen, wenn eine Rechtsdienstleistung als kostenlose Zugabe offeriert wird[123], eine Vergütung also nicht explizit im Hinblick auf die rechtsdienstleistende Tätigkeit, sondern im Zusammenhang mit anderen beruflichen Tätigkeiten des Dienstleistenden anfällt oder anfallen kann.[124]

Somit sind alle rechtsdienstleistenden Tätigkeiten im Zusammenhang mit anderen entgeltlichen beruflichen Tätigkeiten als entgeltlich einzustufen und folglich nicht erlaubnisfrei.[125] Hier käme lediglich eine Erlaubnisfreiheit nach § 5 Abs. 1, 2 RDG (als erlaubnisfreie Nebenleistung) in Betracht.

cc) Gewinnerzielungsabsicht

§ 6 RDG gestattet damit grundsätzlich nur uneigennützige Rechtsdienstleistungen. Eine mittelbare Gewinnerzielungsabsicht soll der Unentgeltlichkeit somit schon entgegenstehen. Banken, die Rechtsdienstleistungen im Bereich der Testamentsgestaltung oder der Unternehmensnachfolge anbieten, sollen sich deshalb nicht auf die Unentgeltlichkeit ihres Beratungsangebots berufen können, da dieses für den Bankkunden zunächst im Service enthaltene Beratungsangebot im Hinblick auf eine entgeltliche Leistung, nämlich die Vermögensanlage, erfolgt. In solchen Fällen soll es sich um eine Leistung handeln, deren Zulässigkeit ggf. allein auf § 5 RDG gestützt werden kann.[126]

dd) Mitgliedschaft

Entsprechendes gilt auch, wenn Rechtsdienstleistungen zwar im Einzelfall ohne besonderes Entgelt erbracht werden, jedoch eine Mitgliedschaft in einer Vereinigung voraussetzt. In solchen Fällen richtet sich die Zulässigkeit der Rechtsdienstleistungen allein nach § 7 RDG, der gegenüber § 6 RDG lex specialis ist.[127] Die Mitgliederrechtsberatung ist somit

---

[121] ABG I, S. 57; Kleine-Cosack-RDG, S. 440, Rn. 15.
[122] ABG I, S. 57; Kleine-Cosack-RDG, S. 440, Rn. 16; vgl. Hk-RDG/Krenzler, § 6, Rn. 13.
[123] Kleine-Cosack-RDG, S. 440, Rn. 17.
[124] ABG I, S. 57.
[125] ABG I, S. 57; Kleine-Cosack-RDG, S. 440, Rn. 17.
[126] ABG I, S. 57; Kleine-Cosack-RDG, S. 440, Rn. 19.
[127] ABG I, S. 57; Kleine-Cosack-RDG, S. 441, Rn. 20; vgl. Hk-RDG/Krenzler, § 6, Rn. 14.

kein Fall der unentgeltlichen Rechtsdienstleistung gemäß § 6 RDG. Sie ist stets gemäß § 7 RDG erlaubnisfrei.

ee) Unerhebliche Aspekte

Übliche im Rahmen bleibende freiwillige Geschenke, wie sie regelmäßig bei der Inanspruchnahme von Rechtsrat im Familien- und Bekanntenkreis weit verbreitet sind, sollen der Unentgeltlichkeit nicht entgegenstehen. Gleiches soll für – nicht einzelfallbezogene – Finanzierung der rechtsdienstleistenden Tätigkeit durch öffentliche oder private Gelder gelten.[128]

Aufwandsentschädigungen sollen nur als entgeltlich eingestuft werden, sofern sie eine Honorierung der aufgewandten Arbeitszeit darstellen.[129] Reiner Auslagenersatz, insbesondere Schreib- und Portoauslagen sowie Fahrtkostenersatz im üblichen Rahmen, sind als unentgeltlich anzusehen.[130]

ff) Umfang der Erlaubnisfreiheit

Personen, die unentgeltliche Rechtsdienstleistungen (§ 6 RDG) erbringen wollen, sind nicht auf das Innenverhältnis beschränkt. Sie können ebenso im Außenverhältnis im Namen des Rechtssuchenden auftreten. Berufsrechtliche Reglementierungen bestehen für sie nicht.[131]

b) Ordnungsgemäße Anleitung und Pflichten gemäß § 6 Abs. 2 RDG

Für alle Personen, die Rechtsdienstleistungen außerhalb des Familien- und Bekanntenkreises erbringen möchten ist in § 6 Abs. 2 RDG, zum Schutz der Rechtsuchenden, die Pflicht zur Einschaltung juristisch besonders qualifizierter Personen geregelt. Die Nichteinhaltung dieser Pflicht kann, entsprechend § 9 Abs. 1 Satz 2 RDG, zur Untersagung der Rechtsdienstleistungsbefugnis führen. Nicht nur karitative Organisationen und Vereinigungen sind davon betroffen, sondern auch Einzelpersonen, soweit unentgeltliche Rechtsdienstleistungen über den Familien- und Bekanntenkreis hinaus erbracht werden.[132] Praxisnah soll die Untersagungsmöglichkeit nicht sein, da die Pflicht zur Einschaltung umgehbar sein soll und es auch nicht genug staatliches Personal zur Kontrolle gäbe.[133]

---

[128] ABG I, S. 57; Kleine-Cosack-RDG, S. 442, Rn. 21.

[129] ABG I, S. 57; Kleine-Cosack-RDG, S. 442, Rn. 21; aufgrund der Rechtsprechung nicht mehr haltbar: OLG Saarbrücken, Urteil vom 26.09.2001 - 1 U 60/01-15, NJW-RR 2002, S. 570 (572).

[130] ABG I, S. 57; Kleine-Cosack-RDG, S. 442, Rn. 21.

[131] Kleine-Cosack-RDG, S. 442, Rn. 22.

[132] ABG I, S. 57 f.; Kleine-Cosack-RDG, S. 443, Rn. 23 f.; vgl. Hk-RDG/Krenzler, § 6, Rn. 28 ff.

[133] So Kleine-Cosack-RDG, S. 443, Rn. 24.

aa) Geltungsbereich

Innerhalb des Familien- und Bekanntenkreises gelten die Auflagen des § 6 Abs. 2 RDG nicht. Anforderungen an die Qualität des im Familien- und Bekanntenkreis unentgeltlich tätigen Rechtsberaters zu stellen, wäre auch nicht nachvollziehbar.[134]

Der Kreis der Familie soll einen weiten Rahmen umspannen. Der Begriff ist entsprechend großzügig auszulegen. Als Familie sind grundsätzlich alle Angehörigen (Verlobte, Eheleute, Geschwister, Kinder etc.) im Sinne des § 15 Abgabenordnung (AO) sowie Lebenspartner gemäß § 11 Abs. 1 Lebenspartnerschaftsgesetz (LPartG) zu verstehen.[135]

Außergerichtliche Rechtsdienstleistungen dürfen zudem nicht nur im engsten Bekanntenkreis, sondern auch in allen Fällen der nachbarschaftlichen Beziehung sowie der näheren persönlichen Bekanntschaft ohne Einschränkungen erbracht werden. Ähnliche soziale Beziehungen sollen unter Arbeitskollegen oder Vereinsmitgliedern bestehen, soweit diese sich gegenseitig Hilfe leisten.[136]

Eine besondere juristische Qualifikation benötigen unentgeltliche Rechtsdienstleister, sofern sie im Kreis von Familie, Nachbarn und Freunden Rechtsdienstleistungen erbringen, nicht vorzuweisen. Personen, die bei einem Familienangehörigen, einem Freund oder Nachbarn unentgeltlichen Rechtsrat einholen, sollten sich über die Risiken eines unentgeltlichen, aus persönlicher Verbundenheit erteilten Rechtsrats im Klaren sein und sind deshalb nicht schutzbedürftig.[137]

bb) Juristisch qualifizierte Person

Unentgeltliche Rechtsdienstleistung, die nicht innerhalb des Rahmens des § 6 Abs. 1 RDG erbracht wird, soll durch eine juristisch qualifizierte Person oder unter Anleitung einer solchen erbracht werden. Als juristisch qualifizierte Personen kommen alle Juristen in Betracht, die eine „juristische Qualifikation" nachweisen können.[138]

Diese Personen müssen die erforderliche juristische Qualifikation regelmäßig in eigener Person besitzen. Ausnahmen hierfür sollen Fälle sein, in denen eine Einzelperson, die nicht über die erforderliche juristische Qualifikation verfügt, für speziell juristische Beratungstätigkeiten eine juristisch qualifizierte Person hinzuzieht. Insbesondere soll davon die allgemeine, im Kern nicht rechtliche Sozialberatung betroffen sein, die ggf. im Einzelfall rechtsdienstleistende Tätigkeiten erfordern kann.[139]

---

[134] Kleine-Cosack-RDG, S. 443, Rn. 25.
[135] ABG I, S. 58; Kleine-Cosack-RDG, S. 444, Rn. 26.
[136] ABG I, S. 58; Kleine-Cosack-RDG, S. 444, Rn. 26.
[137] ABG I, S. 58; Kleine-Cosack-RDG, S. 444, Rn. 27.
[138] Kleine-Cosack-RDG, S. 445, Rn. 29; vgl. Hk-RDG/Krenzler, § 6, Rn. 25 ff.
[139] ABG I, S. 58; Kleine-Cosack-RDG, S. 446, Rn. 33.

Die juristisch qualifizierte Person muss nicht zwingend ein Rechtsanwalt sein. Es kommen alle Personen mit Befähigung zum Richteramt, z. B. (pensionierte) Richter, Beamte des höheren Verwaltungsdienstes oder Volljuristen aus anderen Berufen in Betracht. Diplomjuristen aus der ehemaligen Deutschen Demokratischen Republik (DDR) sind den Personen mit Befähigung zum Richteramt entsprechend § 5 Einführungsgesetz zum Rechtsdienstleistungsgesetz (RDGEG) unter den dort genannten Voraussetzungen gleichgestellt.[140]

Als juristisch qualifizierte Personen können auch Hochschuljuristen, Juristen mit Erstem Staatsexamen oder ausländischen Abschlüssen in Betracht kommen. Es muss sich nicht um Volljuristen handeln. Personen mit entsprechender Teilqualifikation (z. B. Steuerberater) genügen als qualifizierte Personen, sofern es um Rechtsdienstleistungen im Rahmen ihres Erlaubnisumfanges geht.[141]

Soweit Rechtsdienstleistungen ausschließlich aufgrund besonderer Sachkunde gemäß § 10 RDG erbracht werden, genügt als juristisch qualifizierte Person eine registrierte Person. Für Vereinigungen, für die § 7 Abs. 2 RDG eine dem § 6 Abs. 2 RDG entsprechende Regelung enthält und die nur im Bereich des Forderungsinkassos für ihre Mitglieder tätig sind (z. B. privatärztliche Inkassostellen), genügt die Einschaltung einer nach § 10 Abs. 1 Satz 1 Nr. 1 RDG registrierten Person.[142]

cc) Erbringung oder Anleitung

Die unentgeltliche Rechtsdienstleistung muss durch eine juristisch qualifizierte Person oder unter ihrer Anleitung erbracht werden (§ 6 Abs. 2 Satz 1 RDG). Aufgrund des geringen Vollzugspersonals stellt sich jedoch die Frage nach der Kontrollierbarkeit dieser Anforderung. Wozu eine gesetzliche Regelung schaffen, wenn kein Personal zur Verfügung steht, um diese durchzusetzen.[143]

(1) Erbringung

Die Erbringung der unentgeltlichen Rechtsdienstleistung durch eine juristisch qualifizierte Person selbst ist nicht problembehaftet. Das Ziel des RDG, die Rechtsuchenden, den Rechtsverkehr und die Rechtsordnung vor unqualifizierten Rechtsdienstleistungen zu schützen (§ 1 Abs. 1 Satz 2 RDG), wird damit erreicht.[144]

---

[140] ABG I, S. 58; Kleine-Cosack-RDG, S. 445, Rn. 30.
[141] ABG I, S. 58; Kleine-Cosack-RDG, S. 445, Rn. 31.
[142] ABG I, S. 58; Kleine-Cosack-RDG, S. 445, Rn. 32.
[143] Siehe dazu Kleine-Cosack-RDG, S. 443, Rn. 24, S. 446, Rn. 34.
[144] Kleine-Cosack-RDG, S. 446, Rn. 35.

(2) Anleitung

Der Begriff der „Anleitung" durch eine juristisch qualifizierte Person, entsprechend § 6 Abs. 2 Satz 2 RDG, ist einerseits den Zielen des RDG (Schutz der Rechtsuchenden vor den Folgen unqualifizierten Rechtsrats), andererseits aber mit Blick auf das bürgerliche Engagement im Bereich karitativer Rechtsdienstleistungen auszulegen.[145]

Die Anforderungen im Bereich der uneigennützigen, unentgeltlichen Rechtsberatung sollen deshalb nicht allzu hoch sein. Es genügt auch die schlichte Anleitung durch eine juristisch qualifizierte Person. Eine ständige Begleitung oder Beaufsichtigung der Beratungstätigkeit durch eine solche Person oder die Durchführung der Rechtsdienstleistung durch einen Volljuristen ist nicht erforderlich und wird auch für nicht realisierbar gehalten.[146]

Grundsätzlich soll im Bereich der unentgeltlichen Rechtsberatung ausreichend sein, dass oft ehrenamtlich tätige, nichtjuristisch ausgebildete Mitarbeiter durch juristisch qualifizierte Personen in die wesentlichen Rechtsfragen eingewiesen werden. Die so eingewiesenen Mitarbeiter sollen dann in der Lage sein, die typischen Fallkonstellationen weitgehend selbständig rechtlich erfassen und bearbeiten zu können. Solch eine Grundanleitung soll über Schulungs- oder Fortbildungsmaßnahmen oder – etwa bei wesentlichen Rechtsänderungen und aktuellen rechtlichen Entwicklungen – über Rundschreiben und andere Informationsmedien erfolgen können. Ist das Fachwissen der nicht juristischen Mitarbeiter bezüglich eines Einzelfalles nicht ausreichend, soll jedoch eine juristisch qualifizierte Person zur Verfügung stehen, um auch in solch einem Einzelfall eine Anleitung geben zu können.[147]

(3) Bloße Sicherstellung

Juristisch qualifizierte Personen müssen den Beratenden nicht jederzeit zur Seite stehen. Für die Grundanleitung oder die Anleitung im Einzelfall ist dies nicht erforderlich. Vielmehr lässt der offene Begriff der „Anleitung" vielfältige Organisationsstrukturen zu. Insbesondere eine Organisationsform, bei der juristisch qualifizierte Personen in einer übergeordneten Dachorganisation die Betreuung der örtlichen Beratungsstellen übernehmen, soll ausreichend sein.[148]

Bei kleineren Organisationen kann die Anleitung auch über die Kooperation mit einem Rechtsanwalt erfolgen, der die Einweisung der Beratenden übernimmt und für Einzelfragen nach Absprache zur Verfügung steht.[149]

---

[145] ABG I, S. 58; Kleine-Cosack-RDG, S. 447, Rn. 37.
[146] ABG I, S. 58; Kleine-Cosack-RDG, S. 446, Rn. 36.
[147] ABG I, S. 58; Kleine-Cosack-RDG, S. 446, Rn. 36.
[148] ABG I, S. 58; Kleine-Cosack-RDG, S. 448, Rn. 42.
[149] ABG I, S. 58; Kleine-Cosack-RDG, S. 448, Rn. 42.

Bei größeren Einrichtungen ist es vorstellbar sowohl für die Grundanleitung als auch für die Anleitung im Einzelfall ein Multiplikatorensystem in Betracht zu ziehen. Durch solch ein System könnte das spezielle Fachwissen der juristisch qualifizierten Person über juristisch besonders geschulte Mitarbeiter (sog. Multiplikatoren) vermittelt werden. Entscheidend soll jedoch sein, dass letzten Endes immer auf das umfassende juristische Wissen der juristisch qualifizierten Person zurückgegriffen werden kann.[150]

dd) Untersagungsmöglichkeit

Die Befugnis, unentgeltliche Rechtsdienstleistungen innerhalb familiärer, nachbarschaftlicher oder ähnlich enger persönlicher Beziehungen zu erbringen, kann selbst bei nachweislich fehlender Qualifikation nicht behördlich unterbunden werden (§ 9 Abs. 3 RDG).[151] Die für den Wohnsitz zuständige Behörde kann jedoch Personen und Vereinigungen, die uneigennützige, unentgeltliche Rechtsdienstleistungen außerhalb des Kreises von Familie, Nachbarn und Freunden erbringen, die weitere Erbringung von Rechtsdienstleistungen für längstens fünf Jahre untersagen, wenn begründete Tatsachen die Annahme dauerhaft unqualifizierter Rechtsdienstleistungen zum Nachteil der Rechtsuchenden oder des Rechtsverkehrs rechtfertigen. Das ist insbesondere der Fall, wenn erhebliche Verstöße gegen die Pflichten bei uneigennütziger, unentgeltlicher Rechtsdienstleistung außerhalb des Kreises von Familie, Nachbarn und Freunden vorliegen (§ 9 Abs. 1 RDG).[152]

Bei erheblichen Verstößen gegen die Auflagen in § 6 Abs. 2 RDG besteht somit eine Untersagungsmöglichkeit, sofern die Belange der Hilfesuchenden durch unqualifizierten Rechtsrat gefährdet werden. In Anbetracht der Unbestimmtheit sowie der Geringfügigkeit der formellen Anforderungen wie auch der offensichtlichen Umgehungsmöglichkeiten dürfte eine Untersagung wegen Verstoßes gegen die Auflagen gem. § 6 Abs. 2 RDG eine Ausnahme sein. Im Regelfall wird ein entsprechendes Tätigkeitsverbot allein deshalb auferlegt werden, weil begründete Tatsachen die Annahme dauerhaft unqualifizierter Rechtsdienstleistungen zum Nachteil der Rechtsuchenden oder des Rechtsverkehrs rechtfertigen (§ 6 Abs. 1 Satz 1 RDG).[153]

Bei der Untersagung wegen Unzuverlässigkeit finden die Grundsätze des § 35 Gewerbeordnung (GewO) entsprechende Anwendung. Berücksichtigt werden soll aber, dass entsprechend der Zielsetzung des RDG und der eindeutig geringen Anforderungen an die Erbringung uneigennütziger, unentgeltlicher Rechtsdienstleistungen nur bei extremen Verstößen zum Nachteil der Rechtssuchenden ein Tätigkeitsverbot ergehen kann.[154]

---

[150] ABG I, S. 58; Kleine-Cosack-RDG, S. 449, Rn. 43.
[151] Kleine-Cosack-RDG, S. 449, Rn. 45.
[152] Kleine-Cosack-RDG, S. 449, Rn. 45.
[153] Kleine-Cosack-RDG, S. 449 f., Rn. 45.
[154] Kleine-Cosack-RDG, S. 450, Rn. 46.

c) Erbringung unentgeltlicher Rechtsdienstleistungen durch selbständige Wirtschaftsjuristen

Die unentgeltliche und selbständige Erbringung von außergerichtlichen Rechtsdienstleistungen durch Wirtschaftsjuristen ist innerhalb familiärer, nachbarschaftlicher oder ähnlich enger persönlicher Beziehungen erlaubnisfrei und unproblematisch (§ 6 Abs. 2 Satz 1 RDG). Außerhalb dieser Kreise muss sichergestellt werden, dass die Rechtsdienstleistung durch eine Person, der die entgeltliche Erbringung dieser Rechtsdienstleistung erlaubt ist oder unter Anleitung einer solchen Person, erbracht wird (§ 6 Abs. 2 Satz 1 RDG).

In der Regel wird der Wirtschaftsjurist nicht über solch eine Erlaubnis verfügen. Außerhalb familiärer, nachbarschaftlicher oder ähnlich enger persönlicher Beziehungen wird der selbständige Wirtschaftsjurist dementsprechend keine unentgeltlichen außergerichtlichen Rechtsdienstleistungen erbringen dürfen.

Für junge Absolventen, die sich direkt nach den Abschluss des Studiums selbständig machen möchten, um außergerichtliche Rechtsdienstleistungen zu erbringen, ist § 6 RDG ohnehin nicht von Interesse. Die Selbständigkeit muss existenzsichernd sein, weil sie sonst zwecklos ist. Durch unentgeltliche Rechtsdienstleistungen ist dies jedoch nicht zu realisieren.[155]

3. Rechtsdienstleistungen durch Berufs- und Interessenvereinigungen, Genossenschaften

Erlaubt sind Rechtsdienstleistungen durch berufliche oder andere zur Wahrung gemeinschaftlicher Interessen gegründete Vereinigungen und deren Zusammenschlüsse sowie Genossenschaften, genossenschaftliche Prüfungsverbände und deren Spitzenverbände sowie genossenschaftliche Treuhandstellen und ähnliche genossenschaftliche Einrichtungen, sofern diese im Rahmen ihres satzungsmäßigen Aufgabenbereichs für ihre Mitglieder oder für die Mitglieder der ihnen angehörenden Vereinigungen oder Einrichtungen erbringen, soweit die Rechtsdienstleistungen gegenüber der Erfüllung ihrer übrigen satzungsmäßigen Aufgaben nicht von übergeordneter Bedeutung sind (§ 7 Abs. 1 RDG).

Durch § 7 RDG wird die Rechtsdienstleistungsbefugnis von Vereinigungen und Genossenschaften im Rahmen ihres satzungsmäßigen Aufgabenbereichs geregelt. Um den vielfältigen Organisationsformen gerecht zu werden, wird klargestellt, dass auch Zusammenschlüsse von Vereinigungen (insbesondere ihre Spitzenorganisationen) oder -verbänden Rechtsdienstleistungen nicht nur für unmittelbar angehörende Personen oder Vereinigungen, sondern auch für alle Mitglieder der ihnen angeschlossenen Vereinigun-

---

[155] Ähnlich Vogler, der für den kommerziellen Erfolg der Rechtsdienstleistung auf entsprechende Nachfrage abstellt, siehe Vogler, wirtschaftsjuristische Studiengänge, § 4, S. 77.

gen erbringen dürfen. Die Mitgliederrechtsberatung ist jedoch nicht uneingeschränkt erlaubt, sondern stets nur im Rahmen des satzungsmäßigen Aufgabenbereichs gestattet. Ein Mieterverein darf somit trotz Rechtsdienstleistungsbefugnis nicht im Straßenverkehrsrecht beraten und ein Automobilclub nicht im Wohnungsmietrecht. Eine Ausweitung des Satzungszwecks auf allgemeine Rechtsberatung der Mitglieder wäre unzulässig, da die Rechtsdienstleistungen gegenüber der Erfüllung der übrigen Vereinszwecke nicht von übergeordneter Bedeutung sein dürfen.[156]

Für selbständige Wirtschaftsjuristen, die Rechtsdienstleistungen erbringen wollen, ist diese Vorschrift praktisch nicht relevant. Selbst wenn es gelänge eine Vereinigung aufzubauen, um durch diese allen Mitgliedern Rechtsdienstleistungen anzubieten, ist die Ausweitung des Satzungszwecks auf allgemeine Rechtsberatung der Mitglieder unzulässig, weil die Rechtsdienstleistungen gegenüber der Erfüllung der übrigen Vereinszwecke nicht von übergeordneter Bedeutung sein dürfen (§ 7 Abs. 1 Satz 1 RDG). Selbst die Schaffung von Satzungszwecken, die vordergründig andere Aufgaben suggerieren sollen, bietet keinen Ansatzpunkt für Wirtschaftsjuristen, da § 7 Abs. 1 RDG bewusst auf die tatsächliche Erfüllung der satzungsmäßigen Aufgaben abstellt und sich nicht lediglich an die in der Satzung niedergelegten Vereinszwecke klammert.[157]

4. Öffentliche und öffentlich anerkannte Stellen

Erlaubnisfrei sind auch Rechtsdienstleistungen durch

1. gerichtlich oder behördlich bestellte Personen,
2. Behörden und juristische Personen des öffentlichen Rechts,
3. nach Landesrecht als geeignet anerkannte Personen oder Stellen im Sinn des § 305 Abs. 1 Nr. 1 der Insolvenzordnung,
4. Verbraucherzentralen und andere mit öffentlichen Mitteln geförderte Verbraucherverbände sowie
5. Verbände der freien Wohlfahrtspflege im Sinn des § 5 des Zwölften Buches Sozialgesetzbuch, anerkannte Träger der freien Jugendhilfe im Sinn des § 75 des Achten Buches Sozialgesetzbuch und anerkannte Verbände zur Förderung der Belange behinderter Menschen im Sinn des § 13 Abs. 3 des Behindertengleichstellungsgesetzes,

sofern diese Rechtsdienstleistungen im Rahmen ihres Aufgaben- und Zuständigkeitsbereichs erbringen (§ 8 Abs. 1 RDG).

---

[156] ABG I, S. 59; Kleine-Cosack-RDG, S. 462, Rn. 1 f.; vgl. Hk-RDG/Krenzler, § 7, Rn. 2 ff.
[157] Weiterführend zu § 7 RDG, ABG I, S. 59 ff.; Kleine-Cosack-RDG, S. 462, Rn. 1 ff.

Die in Nr. 1 bis 3 aufgeführten Stellen verbindet, dass die von ihnen ausgeübte rechtsdienstleistende Tätigkeit sich als Teil ihres öffentlich festgelegten Aufgaben- bzw. Zuständigkeitsbereichs aus anderen Gesetzen oder Vorschriften ableiten lässt. Hingegen mangelt es, anders als bei Rechtsanwälten, Notaren, Patentanwälten, Steuerberatern und Wirtschaftsprüfern, ausdrücklich an gesetzlichen Regelungen der Rechtsdienstleistungsbefugnisse.[158]

Bei den in Nr. 4 und 5 genannten Stellen lässt sich die öffentliche Anerkennung teils nur aus der staatlichen Förderung der Einrichtung, teils aus der Zugehörigkeit zu einem der Träger der freien Wohlfahrtspflege oder einem Verband ableiten, der im Rahmen der Durchführung der Sozialgesetze besondere Aufgaben wahrnimmt.[159]

Um Unklarheiten über die Rechtsdienstleistungsbefugnis dieser Institutionen entgegenzuwirken, stellt § 8 RDG deshalb klar, dass die darin genannten Personen und Stellen innerhalb ihres zugewiesenen Aufgaben- und Zuständigkeitsbereichs Rechtsdienstleistungen, welche auch im Rahmen der „Annextätigkeit" gem. § 5 Abs. 1 RDG zulässig wären, erbringen dürfen.[160]

Durch § 8 RDG sollen nicht die Anforderungen an die Rechtsdienstleistungsbefugnis gegenüber der unentgeltlichen Rechtsdienstleistung (§ 6 RDG) und Rechtsdienstleistung durch Berufs- und Interessenvereinigungen sowie Genossenschaften (§ 7 RDG) herabgesetzt werden. Die eigenständige Bedeutung des § 8 RDG besteht vielmehr darin, dass die genannten Personen und Institutionen, soweit dies ihrem Aufgabenbereich entspricht, Rechtsdienstleistungen abweichend von § 6 RDG auch entgeltlich und abweichend von § 7 RDG nicht nur für ihre Mitglieder erbringen dürfen. Der Mindestqualitätsstandard an die Erbringung von Rechtsdienstleistungen, welcher sich aus §§ 6 und 7 RDG ergibt, darf nicht durch die Vorschrift unterschritten werden. Sie erfordert deshalb auch die Einhaltung der in § 7 Abs. 2 RDG genannten Pflichten. Gleichfalls soll bei Nichteinhaltung die Möglichkeit der Untersagung der Rechtsdienstleistungsbefugnis entsprechend § 9 RDG bestehen.[161]

Für selbständige Wirtschaftsjuristen bietet § 8 RDG nur mit Blick auf Abs. 1 Nr. 1 (in Form der Mandatserteilung durch gerichtliche oder behördliche Stellen) ggf. Chancen. Jede durch Gericht oder Behörde bestellte Person darf im Rahmen des mit ihrer Bestellung zugewiesenen Aufgabenkreises außergerichtliche Rechtsdienstleistungen erbringen. Im gerichtlichen Bereich werden damit neben den Insolvenz-, Zwangs- und Nachlassverwaltern wie bisher insbesondere der vorläufige Insolvenzverwalter (§ 22 InsO), der Vormund

---

[158] ABG I, S. 61; Kleine-Cosack-RDG, S. 482, Rn. 4 ff.
[159] ABG I, S. 61; Kleine-Cosack-RDG, S. 489, Rn. 16.
[160] ABG I, S. 61; Kleine-Cosack-RDG, S. 482, Rn. 1.
[161] ABG I, S. 61; Kleine-Cosack-RDG, S. 491, Rn. 25.

(§ 1773 BGB), der Betreuer (§§ 1896 ff. BGB), der Pfleger (§§ 1909 ff. BGB) und der Nachlassverwalter (§ 1985 ff. BGB) erfasst. Unabhängig davon, ob Testamentsvollstrecker durch den Erblasser oder das Gericht eingesetzt wurden, besteht eine Sonderregelung in § 5 Abs. 2 Nr. 1 RDG, wonach Testamentsvollstreckung als erlaubte Nebenleistung anzusehen ist. Als Beispiel für behördliche Bestellung sei die Bundesanstalt für Finanzdienstleistungsaufsicht (BaFin) genannt die gemäß § 81 Abs. 2a des Versicherungsaufsichtsgesetzes (VAG) Personen bestellt, die im Rahmen ihrer Bestellung rechtlich tätig werden.[162]

Fraglich ist, wo sich nun Chancen für selbständige Wirtschaftsjuristen im Rahmen dieser Vorschrift bieten sollen. Überblickt man die zu durchlaufenden Module im Studiengang Wirtschaftsrecht[163], scheint einzig die Insolvenzverwaltung in Betracht zu kommen, um im Rahmen von § 8 RDG Rechtsdienstleistungen zu erbringen. Vormunds-, Betreuungs-, Pflegschafts- oder Nachlassangelegenheiten sind im Gegensatz zum Insolvenzrecht regelmäßig nicht Studieninhalt.

Für Wirtschaftsjuristen könnte sich eine Spezialisierung auf das Insolvenzrecht somit auszahlen. Um jedoch Mandate in der Insolvenzverwaltung gewinnen zu können, benötigt der Mandatswerber die nötige Infrastruktur sowie exzellente Kontakte und einen hervorragenden Ruf.[164] Der frisch ausgebildete Absolvent kann damit in der Regel nicht glänzen, weshalb er auch keine Mandate erhalten wird. Lediglich Absolventen, die schon einige Zeit im abhängigen Verhältnis bei Insolvenzverwaltern Berufserfahrung gesammelt haben und ggf. Kontakte sowie einen hervorragenden Ruf durch Veröffentlichungen oder Referenzen und genügend Startkapital zur Schaffung der nötigen Infrastruktur aufgebaut haben, werden hier unter Umständen die Möglichkeit zum Aufbau einer Selbständigkeit nutzen können. § 8 Abs. 1 Nr.1 RDG könnte somit in seltenen Fällen für Wirtschaftsjuristen im Bereich der Insolvenzverwaltung eine Gelegenheit bieten. Von wirklicher Relevanz für selbständige Wirtschaftsjuristen ist § 8 RDG aber nicht.

V. Rechtsdienstleistungen aufgrund besonderer Sachkunde

Bei der zuständigen Behörde registrierte, natürliche und juristische Personen sowie Gesellschaften ohne Rechtspersönlichkeit dürfen aufgrund besonderer Sachkunde Rechtsdienstleistungen in folgenden Bereichen erbringen:

---

[162] ABG I, S. 61; Kleine-Cosack-RDG, S. 482, Rn. 4.
[163] Bezogen auf den Studiengang Wirtschaftsrecht der HTW Berlin.
[164] Dazu ausführlicher Linse/Glaubitz, DStR 2010, S. 1497; Pape, NZI 2006, S. 665 ff.; ausführlich zum Insolvenzverwalter Bork, Insolvenzrecht, S. 29, Rn. 65 ff.

1. Inkassodienstleistungen,

2. Rentenberatung im Bereich der gesetzlichen Renten- und Unfallversicherung, des sozialen Entschädigungsrechts, des übrigen Sozialversicherungs- und Schwerbehindertenrechts mit Bezug zu einer gesetzlichen Rente sowie der betrieblichen und berufsständischen Versorgung,

3. Rechtsdienstleistungen in einem ausländischen Recht; ist das ausländische Recht das Recht eines Mitgliedstaates der Europäischen Union, eines anderen Vertragsstaates des Abkommens über den Europäischen Wirtschaftsraum oder der Schweiz, darf auch auf dem Gebiet des Rechts der Europäischen Union und des Rechts des Europäischen Wirtschaftsraums beraten werden (§ 10 Abs. 1 RDG).

Nur für die aufgezählten Rechtsdienstleistungen ist eine Registrierung möglich. Auf weitere Erlaubnistatbestände zum Beispiel für Hochschuljuristen hat der Gesetzgeber, um das Berufsrecht im Bereich der Rechtsberufe und der freien Berufe insgesamt zu „entbürokratisieren und zu liberalisieren", verzichtet.[165]

Grundsätzlich sind alle natürlichen und juristischen Personen sowie Gesellschaften ohne Rechtspersönlichkeit (offene Handelsgesellschaft, Kommanditgesellschaft, Partnerschaftsgesellschaft sowie die Gesellschaft des bürgerlichen Rechts[166]) registrierungsfähig. Nach den für die jeweilige Rechtsform geltenden Vorschriften ist zu entscheiden, ob die registrierungspflichtige Tätigkeit in der jeweiligen Rechtsform ausgeübt werden darf. Gesellschaftsformen, die nur freiberufliche Tätigkeiten zulassen (z. B. Partnerschaftsgesellschaften), dürfen keine gewerblichen Inkassotätigkeiten erbringen.[167]

Registriert werden können auch ausländische Unternehmen ohne Niederlassung in Deutschland, die nicht lediglich vorübergehend Rechtsdienstleistungen im Inland erbringen wollen. Wer zur lediglich vorübergehenden Erbringung von Rechtsdienstleistungen befugt ist, wird durch § 15 RDG geregelt.[168]

Die Eintragung in das Rechtsdienstleistungsregister ist konstitutive Voraussetzung für die Berufsausübung und stellt einen Verwaltungsakt im Sinn des § 35 des Verwaltungsverfahrensgesetzes (VwVfG) dar.[169]

1. Inkassodienstleistungen

Entsprechend der Legaldefinition in § 2 Abs. 2 Satz 1 RDG sind Inkassodienstleistungen, die Einziehung fremder oder zum Zweck der Einziehung auf fremde Rechnung abgetrete-

---

[165] ABG I, S. 42; Kleine-Cosack-RDG, S. 503, Rn. 7.

[166] Zu den jeweiligen Gesellschaftsformen Preußer, Gesellschaftsrecht, Kap. 2 bis 5.

[167] ABG I, S. 63; Kleine-Cosack-RDG, S. 501, Rn. 1 ff.

[168] Dazu ausführlicher ABG I, S. 63; Kleine-Cosack-RDG, S. 502, Rn. 5.

[169] ABG I, S. 63; Kleine-Cosack-RDG, S. 502, Rn. 6.

ner Forderungen, wenn die Forderungseinziehung als eigenständiges Geschäft betrieben wird.[170] Diese Dienstleistungen dürfen gemäß § 10 Abs. 1 Satz 1 Nr. 1 RDG nur durch registrierte Personen erfolgen, die über besondere Sachkunde verfügen.

a) Besondere Sachkunde

Über eine solche besondere Sachkunde soll jemand grundsätzlich verfügen, wenn umfassende theoretische sowie praktische Kenntnisse des BGB (Sachenrecht, Schuldrecht, AGB-Recht, Recht besonderer Vertriebsformen) sowie handels- und gesellschaftsrechtliche Kenntnisse, Grundkenntnisse auf dem Gebiet des Wertpapierrechts sowie Kenntnisse im Mahnwesen und Insolvenz- sowie Vollstreckungsrecht vorliegen (§ 11 Abs. 1 RDG).[171] Der Nachweis der theoretischen Sachkunde erfolgt gegenüber der Behörde in der Regel durch ein Zeugnis über einen erfolgreich abgeschlossenen Sachkundelehrgang im Sinne des § 4 der Rechtsdienstleistungsverordnung (RDV). Sie kann aber auch durch andere Zeugnisse erfolgen, insbesondere das Abschlusszeugnis einer deutschen Hochschule über einen mindestens dreijährigen Hochschulstudiengang mit überwiegend rechtlichen Studieninhalten, wenn der Studiengang die oben erwähnten erforderlichen Rechtskenntnisse vermittelt (§ 12 Abs. 3 Satz 1 RDG i.V.m. § 2 Abs. 1 RDV).

Über praktische Sachkunde verfügt in der Regel derjenige, der mindestens zwei Jahre unter Anleitung den Beruf ausübt bzw. eine praktische Berufsausbildung durchlaufen, oder die Befähigung zum Richteramt inne hat (§ 12 Abs. 3 Satz 2 RDG). Die erforderliche praktische Sachkunde wird in der Regel durch Arbeitszeugnisse und sonstige Zeugnisse über die bisherige praktische Tätigkeit der zu registrierenden Person in dem Bereich des Rechts nachgewiesen, für den eine Registrierung beantragt wird (§ 3 Abs. 1 RDV).

b) Zuverlässigkeit und Berufshaftpflicht

Für die nötige Registrierung ist jedoch nicht nur die theoretische und praktische Sachkunde (besondere Sachkunde) nachzuweisen. Die Zuverlässigkeit und eine entsprechende Berufshaftpflichtversicherung mit einer Mindestversicherungssumme von 250 000 Euro für jeden Versicherungsfall ist gleichfalls nachzuweisen (§ 12 Abs. 1 RDG).

An der nötigen Zuverlässigkeit mangelt es in der Regel, wenn der Antragsteller in den letzten drei Jahren vor Antragstellung wegen eines Verbrechens oder eines die Berufsausübung betreffenden Vergehens rechtskräftig verurteilt worden ist, ungeordnete Vermögensverhältnisse bestehen oder die Zulassung zur Rechtsanwaltschaft widerrufen, zurückgenommen, versagt oder ein Ausschluss aus der Rechtsanwaltschaft erfolgt ist (§ 12 Abs. 1 Nr. 1 RDG).

---

[170] Ausführlicher zu Inkassodienstleistungen siehe unter D. II.

[171] Dazu BVerfG (2. Kammer des Ersten Senats), Beschluss vom 20.02.2002 - 1 BvR 423/99, 1 BvR 821/00 und 1 BvR 1412/01, NJW 2002, S. 1190 ff.; Kleine-Cosack-RDG, S. 504 ff., Rn. 13.

c) Inkassodienstleistungen und selbständige Wirtschaftsjuristen

Wie oben ausgeführt, kann die theoretische Sachkunde durch ein Abschlusszeugnis einer deutschen Hochschule über einen mindestens dreijährigen Hochschulstudiengang mit überwiegend rechtlichen Studieninhalten nachgewiesen werden, wenn der Studiengang die nötigen Rechtskenntnisse zum Erbringen von Inkassodienstleistungen vermittelt (§ 2 Abs. 1 Satz 2 RDV).

Im Bachelorstudiengang Wirtschaftsrecht[172] sind unter anderem Pflichtmodule zum Handels- und Bürgerlichen Gesetzbuch (HGB/BGB) sowie zum Gesellschaftsrecht und zur Zivilprozessordnung (ZPO) zu absolvieren. Auch werden Kenntnisse im Wertpapier- und Insolvenzrecht vermittelt. Im Masterstudiengang werden diese Kenntnisse mit Bezug auf Internationalität noch erweitert.[173] Die Wahrscheinlichkeit, dass das Bachelor- und/oder Masterzeugnis durch die entsprechende Behörde zum Nachweis der theoretischen Sachkunde entsprechend § 12 Abs. 3 Satz 1 RDG i.V.m. § 2 Abs. 1 Satz 3 RDV anerkannt wird, ist demnach recht hoch.

Jedoch muss auch die praktische Sachkunde vorhanden sein, welche in der Regel nur durch eine zweijährige Berufsausübung unter Anleitung oder durch eine praktische Berufsausbildung nachgewiesen werden kann (§ 12 Abs. 3 Satz 2 RDG).

Als praktische Erfahrung auf dem Gebiet der Forderungseinziehung wird durch die IHK eine Tätigkeit als:

1. Bürovorsteher eines Rechtsanwalts,
2. Sachbearbeiter in einem Inkassounternehmen,
3. selbständig tätiger Mitarbeiter der Rechts- oder Mahnabteilung eines größeren Unternehmens bzw. einer Bank oder Sparkasse, gewertet.[174]

Wobei diese Tätigkeiten eine selbständige Bearbeitung von Mahn- und Vollstreckungssachen zum Gegenstand haben müssen und Korrespondenz/Schriftsätze mit materiellrechtlicher Darlegung der Forderung sowie Behandlung von Einwendungen zu fertigen sind.[175]

Im Rahmen des Studiums kann in Bezug auf die theoretische Sachkunde ein guter Grundstock für den Nachweis dieser aufgebaut werden, um die Wahrscheinlichkeit zu

---

[172] Mit Bezug auf den Studiengang Wirtschaftsrecht der HTW Berlin.

[173] Siehe dazu HTW Info, letzter Zugriff 08.05.2014, 11.58 Uhr.

[174] Dazu IHK Dresden, Inkassodienstleistungen, Seite 3, http://www.dresden.ihk.de/servlet/link_file?link_id=21066&ref_knoten_id=48984&ref_detail=portal&ref_sprache=deu, Zugriff 08.05.2014, 12:42 Uhr.

[175] Dazu IHK Dresden, Inkassodienstleistungen, Seite 3, http://www.dresden.ihk.de/servlet/link_file?link_id=21066&ref_knoten_id=48984&ref_detail=portal&ref_sprache=deu, Zugriff 08.05.2014, 12:42 Uhr.

erhöhen, dass die jeweilige Behörde diese durch Vorlage des Bachelor- und/oder Master-zeugnisses auch anerkennt.

Der Nachweis der praktischen Sachkunde dürfte die Herausforderung für selbständige Wirtschaftsjuristen sein. Nur wenige Wirtschaftsjuristen, die ihr Studium gerade abgeschlossen haben, werden in dem spezifizierten Rahmen die geforderten Tätigkeiten mindestens zwei Jahre unter Anleitung durchgeführt haben. Auch werden höchstens Einzelne eine einschlägige, anerkannte und praktische Berufsausbildung vorweisen können. Diese müsste dann bereits vor dem Studium absolviert worden sein.

Für viele Absolventen, die sich direkt nach Abschluss des Studiums in die Selbständigkeit begeben wollen, ist die Erbringung von Inkassodienstleistungen entsprechend § 10 Abs. 1 Satz 1 Nr. 1 RDG somit keine Option, weil es in der Regel an der nötigen praktischen Sachkunde mangeln wird. Nur Wirtschaftsjuristen, die schon mindestens zwei Jahre entsprechende, anerkannte Tätigkeiten durchgeführt haben, werden, sofern die nötige Berufshaftpflicht sowie Zuverlässigkeit besteht, auch die nötige Registrierung erhalten.

Absolventen, die diese Voraussetzungen nach Studienabschluss nicht nachweisen können, aber zukünftig selbständig Inkassodienstleistungen erbringen wollen, wird nichts anderes übrig bleiben, als eine mindestens zweijährige, abhängige Beschäftigung im einschlägigen Bereich anzunehmen, um danach die praktische Sachkunde nachweisen zu können. Ein Direkteinstieg nach dem Studium in die selbständige Erbringung von Inkassodienstleistungen wird demnach vielen Absolventen verwehrt bleiben.

2. Rentenberatung

Die Rentenberatung ist auf dem Gebiet der gesetzlichen Renten- und Unfallversicherung, des sozialen Entschädigungsrechts, des übrigen Sozialversicherungs- und Schwerbehindertenrechts mit Bezug zu einer gesetzlichen Rente sowie der betrieblichen und berufsständischen Versorgung, sofern der Berater über die nötige Sachkunde verfügt, zulässig (§ 10 Abs. 1 Satz 1 Nr. 2 RDG).

Auf den genannten Gebieten ist den Rentenberatern stets sowohl die Beratung als auch die außergerichtliche Vertretung ihrer Mandanten gestattet.[176] Sogar die gerichtliche Vertretung vor Sozialgerichten ist Rentenberatern gemäß § 73 Abs. 2 Sozialgerichtsgesetz (SGG) im Umfang ihrer Befugnisse nach § 10 Abs. 1 Satz 1 Nr. 2 des RDG erlaubt.

Eine darüber hinausgehende Vertretungsbefugnis in anderen Verfahrensordnungen, insbesondere im Verwaltungsprozess (§ 67 VwGO), ist nicht vorgesehen. Die berufsmäßige Prozessvertretung soll nur in den Bereichen erfolgen, in denen der Rentenberater eine besondere auch prozessuale Sachkunde vorweisen kann. Diese Sachkunde soll im ver-

---

[176] ABG I, S. 63; Kleine-Cosack-RDG, S. 514, Rn. 15 ff.

waltungsgerichtlichen Verfahren, das vom Sozialgerichtsverfahren zum Teil erheblich abweicht, bei Rentenberatern wohl nicht bestehen.[177]

Das Tätigkeitsfeld auf dem Gebiet der gesetzlichen Rentenversicherung soll sowohl die gesetzlichen Renten nach dem SGB VI und dem ALG, also die Alters-, Erwerbsminderungs-, Hinterbliebenen- und Erziehungsrenten, als auch Fragen zum Versorgungsausgleich erfassen.[178]

Im Bereich der gesetzlichen Unfallversicherung bezieht sich die Tätigkeit der Rentenberater auf die nach dem SGB VII zu gewährenden Leistungen an Versicherte und Hinterbliebene nach dem Versicherungsfall. Dagegen soll sich die Rentenberatung nicht auf Regelungen zur Unfallverhütung und zur Unternehmerhaftung erstrecken.[179]

Der Bereich des sozialen Entschädigungsrechts erfasst alle Renten nach dem Bundesversorgungsgesetz (BVG) sowie nach anderen Gesetzen, die eine entsprechende Anwendung des Bundesversorgungsgesetzes vorsehen.[180]

Darüber hinaus gehende rentenrechtliche Gebiete können, sofern sie im Zusammenhang mit Rentenfragen stehen, durch Rentenberater im Rahmen der Nebenleistung gemäß § 5 Abs. 1 RDG auch bearbeitet werden.[181]

Dazu sollen etwa die Beratung über Fragen der Mitgliedschaft zur gesetzlichen Krankenversicherung der Rentner über die Beitragsfreiheit bei Rentenbezug oder über die Gewährung von Krankengeld in Abgrenzung zum Rentenbezug wegen verminderter Erwerbsfähigkeit zählen. Erforderlich soll jedoch bei der Beratung im Krankenversicherungsrecht sowie in den übrigen sozialversicherungsrechtlichen Bereichen stets ein konkreter Bezug zu einer gesetzlichen Rente sein. Die Beratung und Vertretung von Versicherten in Streitigkeiten über die Erstattung von Kosten für Medikamente ist, aufgrund des fehlenden Rentenbezugs, nicht Gegenstand der Rentenberatung.[182]

Die Beratung im Schwerbehindertenrecht setzt gleichfalls einen Bezug zu rentenrechtlichen Fragestellungen voraus. Ohne diesen erstreckt sich die Beratungsbefugnis der Rentenberater auch nicht auf das Schwerbehindertenrecht.[183]

a) Besondere Sachkunde

Die Rentenberatung erfordert wie auch Inkassodienstleistungen eine besondere Sachkunde. Diese wird im Recht der gesetzlichen Renten- und Unfallversicherung sowie in den

---

[177] ABG I, S. 63 f.
[178] ABG I, S. 64; Kleine-Cosack-RDG, S. 515, Rn. 20.
[179] ABG I, S. 64; Kleine-Cosack-RDG, S. 516, Rn. 21.
[180] ABG I, S. 64; Kleine-Cosack-RDG, S. 516, Rn. 22.
[181] ABG I, S. 64; Kleine-Cosack-RDG, S. 516, Rn. 23.
[182] ABG I, S. 64; Kleine-Cosack-RDG, S. 516, Rn. 23.
[183] ABG I, S. 64; Kleine-Cosack-RDG, S. 517, Rn. 24.

übrigen Teilbereichen des § 10 Abs. 1 Satz 1 Nr. 2 RDG, für die eine Registrierung beantragt wird, verlangt.

Kenntnisse über Aufbau, Gliederung und Strukturprinzipien der sozialen Sicherung sowie Kenntnisse der gemeinsamen, für alle Sozialleistungsbereiche geltenden Rechtsgrundsätze, einschließlich des sozialrechtlichen Verwaltungsverfahrens und des sozialgerichtlichen Verfahrens, sind für die Registrierung zwingend von Nöten (§ 11 Abs. 2 RDG). Die besondere Sachkunde gliedert sich, wie auch schon die besondere Sachkunde bei Inkassodienstleistungen, in die theoretische und praktische Sachkunde (§ 12 Abs. 1 Nr. 2 RDG).

Der Nachweis der theoretischen Sachkunde erfolgt gegenüber der Behörde in der Regel durch ein Zeugnis über einen erfolgreich abgeschlossenen Sachkundelehrgang im Sinne des § 4 RDV. Sie kann aber auch durch andere Zeugnisse erfolgen, insbesondere durch das Abschlusszeugnis einer deutschen Hochschule über einen mindestens dreijährigen Hochschulstudiengang mit überwiegend rechtlichen Studieninhalten, wenn der Studiengang die oben erwähnten erforderlichen Rechtskenntnisse vermittelt (§ 12 Abs. 3 Satz 1 RDG i.V.m. § 2 Abs. 1 RDV).

Über praktische Sachkunde verfügt in der Regel derjenige, der mindestens zwei Jahre unter Anleitung den Beruf ausübt bzw. eine praktische Berufsausbildung durchlaufen oder die Befähigung zum Richteramt inne hat (§ 12 Abs. 3 Satz 2 RDG). Die erforderliche praktische Sachkunde wird in der Regel durch Arbeitszeugnisse und sonstige Zeugnisse über die bisherige praktische Tätigkeit der zu registrierenden Person in dem Bereich des Rechts nachgewiesen, für den eine Registrierung beantragt wird (§ 3 Abs. 1 RDV).

b) Zuverlässigkeit und Berufshaftpflicht

Für die nötige Registrierung ist wie auch bei Inkassodienstleistungen die theoretische und praktische Sachkunde (besondere Sachkunde), die Zuverlässigkeit und eine entsprechende Berufshaftpflichtversicherung nachzuweisen (§ 12 Abs. 1 RDG).[184]

An der nötigen Zuverlässigkeit mangelt es in der Regel, wenn der Antragsteller in den letzten drei Jahren vor Antragstellung wegen eines Verbrechens oder eines die Berufsausübung betreffenden Vergehens rechtskräftig verurteilt worden ist, ungeordnete Vermögensverhältnisse bestehen oder die Zulassung zur Rechtsanwaltschaft widerrufen, zurückgenommen, versagt oder ein Ausschluss aus der Rechtsanwaltschaft erfolgt ist (§ 12 Abs. 1 Nr. 1 RDG).

---

[184] Siehe dazu ausführlicher D. V. 1. b).

c) Rentenberatung und selbständige Wirtschaftsjuristen

Wie oben ausgeführt, kann die theoretische Sachkunde durch ein Abschlusszeugnis einer deutschen Hochschule über einen mindestens dreijährigen Hochschulstudiengang mit überwiegend rechtlichen Studieninhalten nachgewiesen werden, wenn der Studiengang die nötigen Rechtskenntnisse zum Erbringen von Rentenberatungsleistungen vermittelt (§ 2 Abs. 1 Satz 2 RDV).

Im Bachelorstudiengang Wirtschaftsrecht[185] kann ein Wahlpflichtmodul zu den Grundlagen der sozialen Sicherheit (je nach Spezialisierung) belegt werden, welches *„die Studierenden befähigt, sozialversicherungsrechtliche Fragen in die Strukturen des Sozialrechts einzuordnen und unter Berücksichtigung von Lehre und Rechtsprechung praxisorientiert zu lösen sowie die für einen Arbeitgeber erforderlichen sozialrechtlichen Maßnahmen einzuleiten und durchzuführen"[186]*, aber ob damit die geforderten theoretischen Grundlagen für eine Tätigkeit als Rentenberater geschaffen werden, ist fraglich. Im Masterstudiengang[187] können je nach Spezialisierung die Wahlpflichtmodule „Modernes Personalrecht" und „Beschäftigung mit Auslandsbezug" belegt werden, welche in einem gewissen Umfang auch einen Bezug zu sozialversicherungsrechtlichen Aspekten haben. Jedoch ist fraglich, ob diese für die Schaffung einer theoretischen Grundlage um Rentenberatung durchführen zu können, ausreichend sind. Die Wahrscheinlichkeit, dass das Bachelor- und/oder Masterzeugnis durch die entsprechende Behörde zum Nachweis der theoretischen Sachkunde entsprechend § 12 Abs. 3 Satz 1 RDG i.V.m. § 2 Abs. 1 Satz 3 RDV anerkannt wird, ist demnach nicht sehr hoch.

An der Rentenberatung interessierte Wirtschaftsjuristen werden deshalb höchstwahrscheinlich den Sachkundelehrgang, der in der Regel 150 Zeitstunden umfasst, absolvieren müssen (§ 4 RDV).

Ein Nachweis der praktischen Sachkunde dürfte für selbständige Wirtschaftsjuristen in der Regel gleichfalls eine Hürde sein. Nur wenige Wirtschaftsjuristen, die ihr Studium gerade abgeschlossen haben, werden in dem spezifizierten Rahmen die geforderten Tätigkeiten schon mindestens zwei Jahre unter Anleitung durchgeführt haben. Auch werden wenige eine einschlägige, anerkannte und praktische Berufsausbildung vorweisen können. Diese müsste schon (wie auch bei Inkassodienstleistungen) vor dem Studium absolviert worden sein. Für viele Absolventen, die sich direkt nach Abschluss des Studiums in die Selbständigkeit begeben wollen, ist die Erbringung von selbständiger Rentenberatung entsprechend § 10 Abs. 1 Satz 1 Nr. 2 RDG somit keine Option, weil es in der Regel an der

---

[185] Mit Bezug auf den Studiengang Wirtschaftsrecht der HTW Berlin.

[186] Anlage 2 der Studienordnung für den Bachelorstudiengang Wirtschaftsrecht der HTW Berlin in der Fassung vom 05.04.2006 mit Änderungen bis zum 06.01.2010, http://people.f3.htw-berlin.de/Professoren/Merker/pdf/Wirtschaftsrecht_StO.pdf, S. 17, letzter Zugriff 08.07.2014, 13.34 Uhr.

[187] Siehe dazu HTW Info; S. 15, letzter Zugriff 08.07.2014, 13.39 Uhr.

nötigen theoretischen sowie praktischen Sachkunde mangeln wird. Nur wenige Wirtschaftsjuristen, die den Sachkundelehrgang bereits vor dem Studium absolviert und mindestens zwei Jahre entsprechende anerkannte Tätigkeiten durchgeführt haben sowie die nötige Berufshaftpflicht und Zuverlässigkeit besitzen, werden auch die nötige Registrierung erhalten.

Absolventen, die die nötigen Voraussetzungen nach Studienabschluss nicht nachweisen können, aber zukünftig selbständig Rentenberatung durchführen wollen, wird auch hier nichts anderes übrig bleiben, als eine mindestens zweijährige abhängige Beschäftigung im einschlägigen Bereich anzunehmen sowie den Sachkundelehrgang abzuschließen, um danach die besondere Sachkunde nachweisen zu können. Ein Direkteinstieg nach dem Studium in die selbständige Erbringung von Rentenberatungsleistungen erscheint daher eher unwahrscheinlich.

3. Rechtsdienstleistung in einem ausländischen Recht

Aufgrund besonderer Sachkunde dürfen registrierte Personen Rechtsdienstleistungen in einem ausländischen Recht (insbesondere das Recht eines Mitgliedstaates der Europäischen Union, eines anderen Vertragsstaates des Abkommens über den Europäischen Wirtschaftsraum oder der Schweiz) erbringen (§ 10 Abs. 1 Satz 1 Nr. 3 RDG).

Eine Registrierung erhält der Antragsteller grundsätzlich auf eine einzelne, genau bezeichnete Rechtsordnung. Sie kann allerdings bei entsprechender Sachkunde auch für mehrere Rechtsordnungen beantragt werden.[188]

Unter „ausländisch" ist nicht nur das rein nationale ausländische Recht zu verstehen. Erfasst sind auch das in der jeweiligen Rechtsordnung anwendbare supranationale Recht, insbesondere das Recht der Europäischen Union und des Europäischen Wirtschaftsraums sowie die Grundsätze des Völkerrechts.[189]

Das Personen, die über eine Erlaubnis zur Rechtsdienstleistung in einem Recht eines Mitgliedstaats der Europäischen Union verfügen, auch auf dem Gebiet des Rechts der Europäischen Union tätig sein dürfen, wird deshalb nur klarstellend in der Regelung erwähnt.[190]

In diesen Fällen müssen Antragsteller ihre Kenntnisse auf dem Gebiet des Rechts der Europäischen Union nicht gesondert nachweisen. Getragen wird dies durch die Europäisierung des Rechts und der nationalen Rechtsordnungen der genannten Staaten, welche

---

[188] ABG I, S. 65; Kleine-Cosack-RDG, S. 521, Rn. 35.
[189] ABG I, S. 65; Kleine-Cosack-RDG, S. 521, Rn. 36.
[190] ABG I, S. 65; Kleine-Cosack-RDG, S. 521, Rn. 37.

zunehmend auch die Europäisierung der Studiengänge der Rechtswissenschaften intensiviert, sodass entsprechende Kenntnisse vorausgesetzt werden können.[191]

a) Besondere Sachkunde

Wie auch in der Inkasso- und Rentenberatung erfordern Rechtsdienstleistungen in einem ausländischen Recht besondere Sachkunde, welche sich gleichfalls in theoretische und praktische Sachkunde gliedert (§ 12 Abs. 1 Nr. 2 RDG). Diese muss in dem ausländischen Recht oder in den Teilbereichen des ausländischen Rechts bestehen, für die eine Registrierung beantragt wird (§ 11 Abs. 3 RDG). Das Recht des gewerblichen Rechtsschutzes und das Steuerrecht sind Teilbereiche der Rechtsdienstleistungen in einem ausländischen Recht (§ 10 Abs. 1 Satz 2 RDG i.V.m. § 1 RDV).

Grundsätzlich soll der Antragsteller über besondere Kenntnisse der gesamten ausländischen Rechtsordnung verfügen, welche denen einer in diesem Land zur Ausübung umfassender Rechtsdienstleistungen berechtigten Person gleichstehen. Sofern die Registrierung entsprechend § 10 Abs. 1 Satz 2 RDG i.V.m. § 1 RDV für einen Teilbereich möglich ist, sollen neben den in jedem Fall erforderlichen Grundkenntnissen des ausländischen Rechts vertiefte Kenntnisse des jeweiligen Teilbereichs erforderlich sein.[192] In diesem Kontext ist die Verwendung von „oder" in der Vorschrift des § 11 Abs. 3 RDG irreführend. Grundkenntnisse des ausländischen Rechts sind stets akzessorisch zu den vertieften Kenntnissen eines jeweiligen Teilbereiches, für die eine Registrierung beantragt wird.[193]

Die theoretische Sachkunde ist, wie schon bei der Inkasso- und Rentenberatung, gegenüber der zuständigen Behörde durch Zeugnisse nachzuweisen (§ 12 Abs. 3 Satz 1 RDG). In der Regel genügt dafür das Zeugnis einer ausländischen Behörde darüber, dass die zu registrierende Person in dem ausländischen Land rechtmäßig zur Ausübung des Rechtsanwaltsberufs oder eines vergleichbaren rechtsberatenden Berufs niedergelassen ist oder war (§ 2 Abs. 3 Satz 1 RDV). Es soll aber auch das Abschlusszeugnis einer ausländischen Hochschule über den erfolgreichen Abschluss eines Studiengangs, der nach Art und Umfang einem mindestens dreijährigen Hochschul- oder Fachhochschulstudiengang mit überwiegend rechtlichen Studieninhalten entspricht und die erforderlichen Rechtskenntnisse vermittelt, genügen (§ 2 Abs. 3 Satz 2 RDV). Wird eine Registrierung für einen Teilbereich beantragt, genügt zum Nachweis der theoretischen Sachkunde das Zeugnis einer ausländischen Behörde darüber, dass die zu registrierende Person in dem ausländi-

---

[191] ABG I, S. 65; Kleine-Cosack-RDG, S. 521, Rn. 38.
[192] ABG I, S. 66; Kleine-Cosack-RDG, S. 557, Rn. 5.
[193] ABG I, S. 65.

schen Staat rechtmäßig zur Ausübung des Patentanwaltsberufs, des Steuerberaterberufs oder eines vergleichbaren Berufs niedergelassen ist oder war (§ 2 Abs. 4 RDV).[194]

Praktische Sachkunde setzt in der Regel eine mindestens zwei Jahre unter Anleitung erfolgte Berufsausübung oder praktische Berufsausbildung voraus (§ 12 Abs. 3 Satz 2 RDG). Über die erforderliche praktische Sachkunde soll verfügen, wer die Befähigung zum Richteramt nach dem Deutschen Richtergesetz (DRiG) inne hat (§ 3 Abs. 1 Satz 2 RDV). Regelmäßig wird diese durch Arbeitszeugnisse und sonstige Zeugnisse über die bisherige praktische Tätigkeit der zu registrierenden Person in dem Bereich des Rechts nachgewiesen, für den eine Registrierung beantragt wird (§ 3 Abs. 1 Satz 1 RDV).

Für die Registrierung in einem Teilbereich eines ausländischen Rechts genügt zum Nachweis der praktischen Sachkunde auch das Zeugnis einer ausländischen Behörde darüber, dass die zu registrierende Person in dem ausländischen Land rechtmäßig zur Ausübung des Rechtsanwaltsberufs oder eines vergleichbaren rechtsberatenden Berufs, in den Teilbereichen zur Ausübung des Patentanwaltsberufs, des Steuerberaterberufs oder eines vergleichbaren Berufs, niedergelassen ist oder war (§ 3 Abs. 1 RDV).

Besitzt die Person eine Berufsqualifikation, die in einem anderen Mitgliedstaat der Europäischen Union, einem anderen Vertragsstaat des Abkommens über den Europäischen Wirtschaftsraum oder in der Schweiz erforderlich ist, um in dem Gebiet dieses Staates Inkassodienstleistungen, Rentenberatung, Beratung in einem ausländischen Recht oder einen vergleichbaren Beruf auszuüben, oder hat die Person einen solchen Beruf während der vorhergehenden zehn Jahre in Vollzeit zwei Jahre in einem der genannten Staaten ausgeübt, der diesen Beruf nicht reglementiert, so ist die Sachkunde unter Berücksichtigung dieser Berufsqualifikation oder Berufsausübung durch einen mindestens sechsmonatigen Anpassungslehrgang nachzuweisen (§ 12 Abs. 3 Satz 3 RDG). Die Anpassung der zu registrierenden Person ist von einer registrierten Person oder einem Mitglied einer Rechtsanwaltskammer durch ein ausgestelltes Zeugnis zu bescheinigen. Dieses muss bestätigen, dass die zu registrierende Person in dem Bereich, für den sie die Registrierung beantragt, mindestens sechs Monate unter der Verantwortung der registrierten oder einer für sie tätigen qualifizierten Person oder des Mitglieds einer Rechtsanwaltskammer im Inland tätig gewesen ist (§ 3 Abs. 3 RDV). Das Berufsqualifikationsfeststellungsgesetz (BQFG) findet in solchen Fällen keine Anwendung (§ 12 Abs. 3 Satz 4 RDG).

Besitzt die zu registrierende Person eine Berufsqualifikation, die nicht in einem anderen Mitgliedstaat der Europäischen Union, einem anderen Vertragsstaat des Abkommens

---

[194]Dazu OVG Berlin–Brandenburg, Urteil vom 24.10.2013 – OVG 12 B 42.11 (VG Berlin), BeckRS 2013, 58471; Weitner, GRUR-Prax 2014, S. 24, die Ausbildung zum deutschen Volljuristen genügt in der Regel nicht für die Rechtsberatung in einem ausländischen Recht, sofern die theoretische Sachkunde nicht durch ein Zeugnis einer ausländischen Behörde nachgewiesen wurde.

über den Europäischen Wirtschaftsraum oder in der Schweiz erworben wurde, findet das BQFG Anwendung (§ 2 BQFG), welches im Inland zwischen nicht reglementierten (§ 4 ff. BQFG) und reglementierten Berufen (§ 9 ff. BQFG) unterscheidet. Die Erbringung von Rechtsdienstleistungen in einem ausländischen Recht ist in Deutschland reglementiert, weshalb sich die ausländische Berufsqualifikation an den Anforderungen des § 9 BQFG messen lassen muss. Sofern festgestellt wird, dass die ausländische Qualifikation einer entsprechenden inländischen Qualifikation nicht gleichwertig ist (§ 10 BQFG), können Ausgleichsmaßnahmen (§ 11 BQFG) durchgeführt werden. Antragsteller können dann zwischen einem Anpassungslehrgang, der höchstens drei Jahre dauert oder einer Eignungsprüfung wählen, sofern berufsrechtliche Regelungen nichts anders bestimmen (§ 11 Abs. 1 und 3 BQFG).

b) Zuverlässigkeit und Berufshaftpflicht

Für die nötige Registrierung bedarf es auch bei der Rechtsberatung in einem ausländischen Recht der nötigen Zuverlässigkeit und einer entsprechenden Berufshaftpflichtversicherung mit einer Mindestversicherungssumme von 250 000 Euro für jeden Versicherungsfall, welche gleichfalls nachzuweisen ist (§ 12 Abs. 1 RDG).

An der nötigen Zuverlässigkeit mangelt es auch hier, wenn der Antragsteller in den letzten drei Jahren vor Antragstellung wegen eines Verbrechens oder eines die Berufsausübung betreffenden Vergehens rechtskräftig verurteilt worden ist, ungeordnete Vermögensverhältnisse bestehen oder die Zulassung zur Rechtsanwaltschaft widerrufen, zurückgenommen, versagt oder ein Ausschluss aus der Rechtsanwaltschaft erfolgt ist (§ 12 Abs. 1 Nr. 1 RDG).

c) Rechtsdienstleistung in einem ausländischen Recht durch selbständige Wirtschaftsjuristen

Fraglich ist, welche Möglichkeiten die Rechtsdienstleistung in einem ausländischen Recht jungen Absolventen und bereits selbständigen Wirtschaftsjuristen entsprechend § 10 Abs. 1 Satz 1 Nr. 3 RDG eröffnet. Um solche Rechtsdienstleistungen erbringen zu dürfen, muss schließlich die besondere Sachkunde in dem ausländischen Recht oder (und) in den Teilbereichen des ausländischen Rechts nachgewiesen werden, für die eine Registrierung beantragt wird (§ 11 Abs. 3 RDG).

Um beispielsweise in Deutschland Rechtsdienstleistungen im spanischen Recht erbringen zu können, genügt zum Nachweis der theoretischen Sachkunde regelmäßig das Zeugnis einer spanischen Behörde darüber, dass der Wirtschaftsjurist in Spanien rechtmäßig zur Ausübung des Rechtsanwaltsberufs oder eines vergleichbaren rechtsberatenden Berufs niedergelassen ist oder war (§ 2 Abs. 3 Satz 1 RDV). Auch genügt ein Abschlusszeugnis einer spanischen Hochschule über den erfolgreichen Abschluss eines Studiengangs, der nach Umfang und Inhalten dem Abschlusszeugnis einer deutschen Hochschule oder Fachhochschule über einen mindestens dreijährigen Hochschul- oder Fachhochschulstudiengang mit überwiegend rechtlichen Studieninhalten entspricht, wenn der Studiengang die erforderlichen Rechtskenntnisse vermittelt (§ 2 Abs. 3 Satz 1 RDV).

Die Hürde zum Nachweis der theoretischen Sachkunde liegt hier bereits sehr hoch. Die meisten Studenten werden wohl kaum in dem jeweiligen Land (in unserem Beispiel Spanien) rechtmäßig zur Ausübung des Rechtsanwaltsberufs oder eines vergleichbaren rechtsberatenden Berufs niedergelassen sein. Auch das ein Student dort zumindest mal niedergelassen war, erscheint fragwürdig. Dies würde schließlich voraussetzen, dass der Student vor dem Studium in Deutschland einen entsprechend berechtigenden Abschluss im Ausland erworben hat und dort auch schon tätig war bzw. ist.

Alternativ ein Abschlusszeugnis einer spanischen Hochschule über den erfolgreichen Abschluss eines einschlägigen Studiengangs vorzulegen, der dem eines deutschen Hoch- oder Fachhochschulabschlusses gleichsteht, scheint gleichfalls fragwürdig. Dies würde voraussetzen, dass der Student vor dem Studium in Deutschland einen einschlägigen Abschluss erworben hat oder nach dem Abschluss in Deutschland ins Ausland geht, um einen entsprechenden Abschluss zu erlangen.

Beide Varianten sind angesichts der noch zu investierenden Zeit (erneutes Studium im Ausland) abwegig und dürften von einem ggf. marginalen Prozentsatz der Studenten umgesetzt werden. Da das Studium an Hochschulen regelmäßig von Studenten begonnen wird, die bereits über eine Berufsausbildung und regelmäßig auch über Berufserfahrung verfügen, sind sie grundsätzlich auch älter als Universitätsstudenten. Dass der Großteil der Studenten und insbesondere Studenten mit vorhergehender Berufsausbildung erneut Jahre investieren, um zusätzlich einen anerkannten ausländischen Abschluss zu erhalten, ist schwer vorstellbar. Sofern sich Studenten für solch einen Weg entscheiden sollten, dürfte es sich um Einzelfälle handeln.

Die Hürde der theoretischen Sachkunde könnte somit von Wirtschaftsjuristen überwunden werden, jedoch ist es äußerst fragwürdig, ob junge Absolventen bzw. selbständige Wirtschaftsjuristen nach ihrem Studium in Deutschland die nötigen Voraussetzungen im Ausland einholen, um dann nach deutschen Maßstäben über die nötige theoretische Sachkunde zu verfügen.

Kann der Wirtschaftsjurist die theoretische Sachkunde nun nachweisen, stößt er auf die Hürden der praktischen Sachkunde. Das Nachweisen eines ausländischen Abschlusses, welcher rechtmäßig zur Ausübung des Rechtsanwaltsberufs oder eines vergleichbaren rechtsberatenden Berufs im Ausland befähigt, genügt nicht. Auch müsste der Absolvent rechtmäßig in dem Land niedergelassen oder zumindest niedergelassen gewesen sein (§ 3 Abs. 2 RDV).

Hat der Absolvent dann die nötigen Voraussetzungen in einem anderen Mitgliedstaat der Europäischen Union, einem anderen Vertragsstaat des Abkommens über den Europäischen Wirtschaftsraum oder in der Schweiz geschaffen und kehrt nach Deutschland zurück, muss er noch einen Anpassungslehrgang durchlaufen (§ 12 Abs. 3 Satz 3 RDG), der von einer registrierten Person oder einem Mitglied einer Rechtsanwaltskammer durchgeführt wird und den Absolventen mindestens sechs Monate Zeit kostet (§ 3 Abs. 3 RDV).

Weist der Absolvent eine Berufsqualifikation vor, die nicht in einem anderen Mitgliedstaat der Europäischen Union, einem anderen Vertragsstaat des Abkommens über den Europäischen Wirtschaftsraum oder in der Schweiz erworben wurde, so muss er in der Regel mit einem höchstens dreijährigen Anpassungslehrgang bzw. einer Eignungsprüfung rechnen (§§ 9, 11 BQFG).

Bei optimistischer Betrachtungsweise kann somit die theoretische und praktische Sachkunde mit hohem Zeitaufwand nachgewiesen werden. Dass dies für junge Absolventen oder aber auch für schon selbständige Wirtschaftsjuristen, die gern im ausländischen Recht beratend tätig werden möchten, praktikabel und finanzierbar ist, erscheint nach dem bereits Ausgeführten höchst fragwürdig.

Die Erbringung von Rechtsdienstleistungen in einem ausländischen Recht durch junge Absolventen, die sich selbständig machen möchten oder es ggf. schon sind, bietet nur in Einzelfällen eine Chance für den Aufbau einer Selbständigkeit. Die meisten der Absolventen oder bereits Selbständigen wird von der Ausnahme (§ 10 Abs. 1 Satz 1 Nr. 3 RDG) des grundsätzlichen Rechtsdienstleistungsverbots (§ 3 RDG) für Wirtschaftsjuristen deshalb nicht profitieren können.

VI. Zusammenfassung und Ergebnis

Festgehalten werden kann, dass Dienstleistungen, die keine Rechtsdienstleistungen im Sinne des § 2 Abs. 3 RDG sind, Möglichkeiten für den Aufbau einer Selbständigkeit darstellen können. Von Interesse für Wirtschaftsjuristen sind die Erstellung von Gutachten (§ 2 Abs. 3 Nr. 1 RDG), die Durchführung von schiedsrichterlichen- bzw. schlichtenden Tätigkeiten (§ 2 Abs. 3 Nr. 2 RDG), die Mediation (§ 2 Abs. 3 Nr. 4 RDG) sowie die Erörterung von Rechtsfragen in den Medien (§ 2 Abs. 3 Nr. 5 RDG).

Praktisch dürften diese Möglichkeiten jedoch nur schwierig zu ergreifen sein. In den Fällen der Erstellung von Gutachten, schiedsrichterlichen- und schlichtenden Tätigkeit sowie der Erörterung von Rechtsfragen in den Medien werden Mandate regelmäßig nur an Juristen mit entsprechendem Ruf und jahrelanger praktischer Erfahrung auf dem jeweiligen Rechtsgebiet erteilt.

Von den zuvor aufgezählten Möglichkeiten dürfte der Mediationsmarkt die größte Chance für den Aufbau einer Selbständigkeit bieten. Entsprechend § 5 Abs. 1 MediationsG stellt der Mediator in eigener Verantwortung sicher, dass er über die nötigen theoretischen Kenntnisse sowie praktischen Erfahrungen verfügt. Die Markteintrittsbarriere liegt hier somit recht niedrig. Wirtschaftsjuristen sollten die Konkurrenzlage aber möglichst genau analysieren, weil aufgrund dieser niedrigen Eintrittsbarriere der Wettbewerb im Mediationsmarkt entsprechend stark ist.

Uninteressant hingegen sind die Erörterung der die Beschäftigten berührenden Rechtsfragen mit ihren gewählten Interessenvertretungen (§ 2 Abs. 3 Nr. 3 RDG) sowie die Erledigung von Rechtsangelegenheiten innerhalb verbundener Unternehmen (§ 2 Abs. 3 Nr. 6 RDG), da sich diese auf ein abhängiges Beschäftigungsverhältnis beziehen.

Die Erbringung von Rechtsdienstleistungen als Nebenleistung (§ 5 Abs. 1 RDG) ist Wirtschaftsjuristen nur in engen Grenzen gestattet. Ohne eine nichtjuristische Haupttätigkeit, welche eine innere, inhaltliche Verbindung zu den zu erbringenden Rechtsdienstleistungen aufweist, ist die Rechtsdienstleistung als Nebenleistung nicht erlaubnisfrei (§ 5 Abs. 1 Satz 2 RDG). Wirtschaftsjuristen, bei denen das Kerngeschäft gerade in der Erbringung juristischer Rechtsdienstleistungen liegen soll, bietet § 5 Abs. 1 RDG somit keine Perspektive.

Gleiches gilt für die in § 5 Abs. 2 RDG geregelten Nebenleistungen (Testamentsvollstreckung, Haus- und Wohnungsverwaltung sowie Fördermittelberatung). Diese setzen ein nichtjuristisches Kerngeschäft, welches einen Bezug zur Testamentsvollstreckung, Haus- und Wohnungsverwaltung oder der Fördermittelberatung hat, voraus. Ohne ein nichtjuristisches Hauptgeschäft bietet die Erbringung von Rechtsdienstleistungen als Nebenleistung entsprechend § 5 Abs. 2 RDG deshalb auch keine Gelegenheit für den Aufbau einer Selbständigkeit.

Die unentgeltliche Erbringung von außergerichtlichen Rechtsdienstleistungen (§ 6 RDG) ist für junge Absolventen, die sich direkt nach Studienabschluss selbständig machen möchten sowie für bereits selbständige Wirtschaftsjuristen nicht von Interesse. Innerhalb familiärer, nachbarschaftlicher oder ähnlich enger persönlicher Beziehungen ist diese erlaubnisfrei und unproblematisch (§ 6 Abs. 2 Satz 1 RDG), muss die eigene Existenz aber auch finanzieren können. Da bei Rechtsdienstleistungen im unentgeltlichen Bereich eben nicht die Gewinnerzielungsabsicht, sondern der karitative Aspekt im Mittelpunkt steht und sich die eigene Existenz somit nicht finanziert, bietet die erlaubnisfreie unentgeltliche

Rechtsdienstleistung für Wirtschaftsjuristen keine Möglichkeit zum Aufbau einer Selbständigkeit.

Die Erbringung von Rechtsdienstleistungen durch Berufs -, Interessenvereinigungen oder Genossenschaften (§ 7 RDG) bietet Wirtschaftsjuristen gleichfalls keine Gelegenheit eine Selbständigkeit aufzubauen. Diese Vorschrift ist für sie praktisch nicht relevant. Die Ausweitung des Satzungszwecks auf allgemeine Rechtsberatung der Mitglieder ist unzulässig, weil die Rechtsdienstleistungen gegenüber der Erfüllung der übrigen Vereinszwecke nicht von übergeordneter Bedeutung sein dürfen (§ 7 Abs. 1 Satz 1 RDG). Selbst die Schaffung von Satzungszwecken, die vordergründig andere Aufgaben suggerieren sollen, bietet keinen Ansatzpunkt für Wirtschaftsjuristen, da § 7 Abs. 1 RDG bewusst auf die tatsächliche Erfüllung der satzungsmäßigen Aufgaben abstellt und sich nicht lediglich an die in der Satzung niedergelegten Vereinszwecke klammert.[195]

Wirtschaftsjuristen bietet § 8 RDG nur mit Blick auf Abs. 1 Nr. 1 (in Form der Mandatserteilung durch gerichtliche oder behördliche Stellen) bedingt Möglichkeiten selbständig tätig zu werden. Mandate in der Insolvenzverwaltung gewinnen in der Regel nur Mandatswerber mit der nötigen Infrastruktur, den nötigen Kontakten sowie einem hervorragenden Ruf.[196] Junge Absolventen können das in der Regel nicht aufweisen, weshalb hier regelmäßig nicht mit der Erteilung von Mandaten zu rechnen ist. Lediglich Absolventen, die bereits einige Zeit im abhängigen Verhältnis bei Insolvenzverwaltern beschäftigt waren und ggf. Kontakte sowie einen ausgezeichneten Ruf durch Veröffentlichungen oder Referenzen und genügend Startkapital zur Schaffung der nötigen Infrastruktur aufgebaut haben, werden hier unter Umständen eine Möglichkeit zum Aufbau einer Existenzgrundlage erhalten. Dies wird jedoch nur sehr wenigen Wirtschaftsjuristen gelingen, bedenkt man die vielen Faktoren, die es vorher zu erfüllen gilt. Von praktischer Relevanz gerade für Absolventen, die sich eine Selbständigkeit erst aufbauen wollen, ist die Mandatserteilung durch gerichtliche oder behördliche Stellen deshalb nicht.

Im Rahmen der Rechtsdienstleistungen aufgrund besonderer Sachkunde (§ 10 RDG) sind keine der vorgegebenen Möglichkeiten (Inkassodienstleistungen, Rentenberatung, Rechtsdienstleistungen in einem ausländischen Recht) wirklich von Relevanz für Wirtschaftsjuristen. Im Rahmen der Erbringung von Inkassodienstleistungen (§ 10 Abs. 1 Satz 1 Nr. 1 RDG) wird es regelmäßig an der nötigen praktischen Sachkunde mangeln. Während es bei der Rentenberatung (§ 10 Abs. 1 Satz 1 Nr. 2 RDG) sowie bei Rechtsdienstleistungen in einem ausländischen Recht (§ 10 Abs. 1 Satz 1 Nr. 3 RDG) bereits an der

---

[195] Weiterführend zu § 7 RDG, ABG I, S. 59 ff.; Kleine-Cosack-RDG, S. 462, Rn. 1 ff.
[196] Dazu ausführlicher Linse/Glaubitz, DStR 2010, S. 1497; Pape, NZI 2006, S. 665 ff.

theoretischen Sachkunde mangeln wird.[197] Die nach derzeitiger Gesetzeslage nötigen Kenntnisse einzuholen, ist für Wirtschaftsjuristen mit hohem Aufwand verbunden, um in den Markt einzutreten.

Von den vorgebebenen Möglichkeiten ist die Inkassodienstleistung, die mit dem größten Potential für Wirtschaftsjuristen. Hier muss mit höherer Wahrscheinlichkeit nur noch die praktische Sachkunde eingeholt werden. Die Eintrittsbarriere in den Markt ist somit im Vergleich zu den anderen beiden Möglichkeiten niedriger, aber dennoch nicht zu unterschätzen.

Insgesamt kann konstatiert werden, dass der Markt von Wirtschaftsjuristen zusätzlich zu dem im Studium erlangten Wissen auch praktische Erfahrung, Ruf und die nötigen Kontakte verlangt, um sich mit den durch das RDG gegeben Möglichkeiten unter Umständen eine Existenz aufbauen zu können. Die natürliche Markteintrittsbarriere der Tätigkeiten, die keiner besonderen Sachkunde entsprechend dem RDG bedürfen, ist für Absolventen ohne Berufserfahrung somit nur durch sehr viel Aufwand zu überwinden.

Die Tätigkeiten, die einer besonderen Sachkunde entsprechend dem RDG bedürfen, sind für Wirtschaftsjuristen ebenfalls schwer zu ergreifen. Das Nachholen dieser ist regelmäßig mit hohem Aufwand verbunden und für Wirtschaftsjuristen daher zeitlich sowie finanziell unattraktiv.

Wirtschaftsjuristen, die nach dem Studium in die Selbständigkeit starten und nur im Rahmen der Nebentätigkeit juristisch arbeiten wollen, empfiehlt sich der Mediationsmarkt.

E. Rechtsdienstleistung in anderen Ländern

Ein Blick über die nationalen Grenzen schärft den Blick für Beschränkungen von Freiberuflern in einzelnen Ländern. Daraus ergibt sich die Frage nach der Rechtfertigung für nationale Sonderregelungen.[198]

Vermehrt stellen auch die Gerichte wie z. B. der EuGH und das BVerfG die Gemeinwohlerforderlichkeit der Beschränkungen in Frage. Die Vereinbarkeit mit der Dienst- und Niederlassungsfreiheit sowie den Grundrechten des Grundgesetztes steht regelmäßig im Prüfungsfokus. Sofern die Funktionsfähigkeit der Rechtspflege in einzelnen Ländern durch ein regulierungsfreies Rechtsdienstleistungsrecht nicht beeinträchtigt wird, sind freiheitsbeschränkende Regelungen in anderen Ländern einem erhöhten Rechtfertigungsdruck ausgesetzt.[199] Im Gesetzentwurf der Bundesregierung[200] finden sich daher Ausführungen zur Rechtslage in Europa, welche dem Folgenden zugrunde gelegt werden.[201]

---

[197] Bei der Rechtsberatung im Recht der EU, kann die theoretische Sachkunde ggf. ausreichend sein, es wird dann aber regelmäßig an der praktischen Sachkunde mangeln.
[198] Kleine-Cosack-RDG, S. 34, Rn. 22.
[199] Kleine-Cosack-RDG, S. 34, Rn. 22.

I. Allgemeine Ausgestaltung

Die rechtliche Ausgestaltung der Rechtsberatung in Europa fällt erwartungsgemäß unterschiedlich aus.[202] Entsprechend der in den einzelnen Ländern bestehenden nationalen Vorschriften sowie der vorherrschenden Rechtstradition reicht die Bandbreite der Regelungen von Deregulierung bis hin zu einem Beratungsmonopol für Rechtsanwälte. Dabei stellt die völlige – auch den gerichtlichen Bereich betreffende – Deregulierung des Rechtsberatungsmarkts für jeden Anbieter juristischer Dienstleistungen die Ausnahme dar. Überwiegend im gerichtlichen, aber auch im außergerichtlichen Bereich bestehen mehr oder weniger stark ausgeprägte Monopolrechte zugunsten der Anwaltschaft. Teils wird die Rechtsberatung neben den Rechtsanwälten auch anderen Berufsgruppen gestattet, teils ist außergerichtlich auch die Tätigkeit nichtjuristischer Berater zulässig.[203]

II. Rechtsdienstleistung in Skandinavien

Die liberalsten Regelungen finden sich im skandinavischen Rechtskreis.

1. Schweden

In Schweden ist ein Monopol für die Ausübung gerichtlicher oder außergerichtlicher Tätigkeit völlig unbekannt. Jeder In- oder Ausländer kann gerichtlich oder außergerichtlich rechtsberatend tätig werden und für seine Kunden grundsätzlich vor allen Gerichten auftreten, sofern er vom Gericht für geeignet, rechtschaffen und geschäftskundig gehalten wird (vgl. Kapitel 12 § 2 Abs. 1 i.V.m. Kapitel 12 § 22 der schwedischen Prozessordnung). Trotz des deregulierten Rechtsberatungsmarkts befindet sich die außergerichtliche Beratung in Schweden fast vollständig in anwaltlicher Hand.[204]

2. Finnland

In Finnland gibt es gleichfalls keine Regularien für den außergerichtlichen Rechtsberatungsmarkt. Es konkurrieren Rechtsanwälte mit nichtanwaltlichen Hochschuljuristen, während Rechtsdienstleister ohne juristische Ausbildung außergerichtlich zwar uneingeschränkt beratungsbefugt sind, aber in der Masse der Rechtsanwälte und Hochschuljuristen untergehen. Seit 2002 dürfen sie vor Gericht nicht mehr auftreten. In gerichtlichen Verfahren sind seitdem nur noch Hochschuljuristen und Anwälte vertretungsbefugt. Die finnische Richterschaft wies darauf hin, dass den Parteien durch die bislang unbeschränkt zulässige Prozessvertretung vielfach irreparable Schäden infolge unqualifizierter

---

[200] ABG I S. 28 ff.
[201] Dazu auch Kleine-Cosack-RDG, S. 34, Rn. 21 ff.
[202] Vgl. dazu Henssler, AnwBl. 2001, S. 525 (531); Dombek, BRAK 2001, S. 98 ff.; ABG I S. 28; Kleine-Cosack-RDG, S. 35., Rn. 23.
[203] ABG I S. 28; dazu auch Kleine-Cosack-RDG, S. 35, Rn. 23.
[204] ABG I S. 28; dazu auch Kleine-Cosack-RDG, S. 35 f., Rn. 24.

Prozessführung entstanden seien. Überlegungen die Prozessvertretung nur noch der Anwaltschaft zu gestatten, wurden jedoch aufgrund der hiermit einhergehenden Einschränkung der freien Wahl des Prozessvertreters als unvereinbar mit den Bürgerrechten der Rechtsuchenden verworfen.[205]

3. Norwegen

In Norwegen sind die außergerichtlichen sowie die gerichtlichen Tätigkeiten weitgehend den Rechtsanwälten vorbehalten. Wer rechtsberatend tätig sein möchte, muss zum Schutz des rechtsuchenden Publikums gemäß § 218 Abs. 1 Satz 1 des im Jahr 1991 reformierten 11. Kapitels des Gerichtsgesetzes (Domstolloven) als Anwalt zugelassen sein. Ausnahmen bestehen hier für Absolventen mit einem Masterabschluss der Rechtswissenschaften (§ 218 Abs. 1 Satz 2 Nr. 1 des Gerichtsgesetzes). Bei gelegentlicher Hilfeleistung, selbst gegen Bezahlung, bedarf es keiner Zulassung.[206]

4. Dänemark

Auch in Dänemark sind grundsätzlich nur Rechtsanwälte zur Rechtsberatung befugt (§ 131 des dänischen Rechtspflegegesetzes). Die außergerichtliche Rechtsberatung durch Nichtanwälte ist jedoch zulässig, sofern sie nicht berufs- oder gewerbsmäßig erfolgt. Angehörige von Berufen, zu deren klassischem Erscheinungsbild die Befassung mit Rechtsfragen gehört, sind gleichfalls für die entgeltliche außergerichtliche Rechtsberatung zugelassen. Hierzu zählen in Dänemark insbesondere Wirtschaftsprüfer, Steuerberater, Architekten, Ingenieure und Versicherungen.[207]

III. Rechtsdienstleistungen im angelsächsischen Rechtskreis

Kein Rechtsanwaltsmonopol besteht im angelsächsischen Rechtskreis für außergerichtliche Rechtsdienstleistungen.[208]

1. England

Rechtsanwälte (solicitors) in England sind daher außergerichtlich einer zunehmenden Konkurrenz, insbesondere durch Steuerberater und Wirtschaftsprüfer (accountants), ausgesetzt. Personen ohne juristische Ausbildung (unqualified persons) ist es jedoch durch den „Solicitors Act" untersagt, in einem gerichtlichen Verfahren für eine Person tätig zu werden oder als solicitor aufzutreten.[209]

---

[205] ABG I S. 28; dazu auch Kleine-Cosack-RDG, S. 36, Rn. 24.
[206] ABG I S. 28; dazu auch Kleine-Cosack-RDG, S. 36, Rn. 24.
[207] ABG I S. 28; dazu auch Kleine-Cosack-RDG, S. 36 f., Rn. 24.
[208] ABG I S. 28; dazu auch Kleine-Cosack-RDG, S. 37, Rn. 25.
[209] ABG I S. 28; dazu auch Kleine-Cosack-RDG, S. 37, Rn. 25.

2. Irland

Eine ähnliche Rechtslage besteht in Irland. Die gesetzlichen Regelungen über die Rechtsdienstleistungsbefugnisse werden jedoch von der strengen Haftung für Fahrlässigkeit (negligence), die jede unqualifizierte Person auch bei unentgeltlicher Tätigkeit trifft, überlagert.[210] Personen ohne juristische Ausbildung können somit außergerichtliche Rechtsdienstleistungen erbringen. Auf sie wird aber durch die strengere Haftung ein erhöhter Druck aufgebaut, der dem Anschein nach die Qualität der Rechtsdienstleistung sichern soll.

IV. Rechtsdienstleistungen im romanischen Rechtskreis

Im romanischen Rechtskreis ist die Rechtsdienstleistungsbefugnis gerichtlich und auch außergerichtlich unterschiedlich starken Einschränkungen unterworfen.[211]

1. Frankreich

Bis zum 1. Januar 1992 konnte in Frankreich jedermann ohne spezielle Qualifikationen und Genehmigungen als außergerichtlicher Rechtsberater tätig werden. Seitdem darf nach Artikel 54 des Gesetzes Nr. 71-1130 niemand direkt oder durch eine Zwischenperson gewohnheitsmäßig und gegen Honorierung dritten Personen Rechtsrat erteilen, wenn er nicht im Besitz einer licence en droit oder eines vergleichbaren Diploms ist. An der französischen Regelung fällt auf, dass die Rechtsberatung nicht zugunsten eines bestimmten Berufsstandes monopolisiert ist, sondern ihre Erbringung ausschließlich von einem juristischen Abschluss abhängig gemacht wird. Erfolgt die Rechtsberatung ohne Honorar oder nicht gewohnheitsmäßig, greift die Beschränkung des Artikels 54 des Gesetzes Nr. 71-1130 nicht.[212]

2. Italien

In Italien wird zwischen typisch rechtlichen Handlungen, die auf Personen beschränkt sind, die im Berufsregister eingetragen sind sowie „relativ freien" Handlungen, die auch von Personen ausgeführt werden können, die nicht im Berufsregister aufgeführt sind, unterschieden - vorausgesetzt es handelt sich nur um gelegentliche und unentgeltliche Ausführung. Die professionelle Rechtsberatung durch eine nicht im Berufsregister eingetragene Person stellt jedoch einen Fall der unbefugten und nach Artikel 493, 348 des italienischen Strafgesetzbuchs (codice penale) strafbaren Berufsausübung dar, wenn diese kontinuierlich, systematisch und organisiert erbracht wird. Personen ohne entsprechende Berufsausbildung, die nicht registriert sind, dürfen somit nur Rechtsberatung be-

---

[210] ABG I S. 28 f.; dazu auch Kleine-Cosack-RDG, S. 37, Rn. 25.
[211] ABG I S. 29; dazu auch Kleine-Cosack-RDG, S. 37, Rn. 26.
[212] ABG I S. 29; dazu auch Kleine-Cosack-RDG, S. 37, Rn. 26.

treiben, solange sie sich nicht als Anwalt bezeichnen und nur gelegentlich und unentgelt-lich tätig werden. Darüber hinaus dürfen etwa Notare, Wirtschaftsprüfer, Steuerberater, aber auch Versicherungen rechtsberatend tätig werden, wenn die Beratung in engem Zu-sammenhang mit der beruflichen Tätigkeit steht.[213]

3. Spanien

In Spanien ist der Anwaltschaft (Abogacía) die gerichtliche Parteivertretung sowie die pro-fessionelle außergerichtliche Rechtsberatung vorbehalten. Das Beratungsmonopol wird durch Artikel 9 des Gesetzes über die Anwaltschaft (Estatuto General de la Abogacía – Decreto Real 2090/1982 v. 24. Juli 1982) getragen. Artikel 236 der Zivilprozessordnung (Ley Organica del Poder Judicial) stellt klar, dass jedwede Parteivertretung in gerichtli-chen Verfahren ebenso wie Rechtsberatung und Raterteilung der Anwaltschaft vorbehal-ten sind. Das Monopol umfasst jedoch nicht die unentgeltliche und gelegentliche Rechtsberatung.[214]

4. Portugal

In Portugal sind die gerichtliche Vertretung sowie die außergerichtliche Rechtsberatung exklusiv den Anwälten und Rechtsprofessoren vorbehalten. Für nur gelegentliche und unentgeltliche außergerichtliche Rechtsberatung existiert keine Ausnahmeregelung.[215]

V. Rechtsdienstleistungen in den Beneluxstaaten

Die Ausgestaltung der Rechtsdienstleistungsbefugnisse in den Beneluxstaaten ist unein-heitlich.[216]

1. Luxemburg

Gemäß dem Anwaltsgesetz vom 10. August 1991 ist es in Luxemburg Personen, die nicht als Anwälte zugelassen sind, nicht gestattet, für Dritte regelmäßig und gegen Bezahlung schriftlich Rechtsberatung durchzuführen oder Rechtsgutachten sowie entsprechende Dokumente zu erstellen. Neben dem außergerichtlichen Beratungsmonopol besteht auch ein Anwaltsmonopol hinsichtlich des Auftretens vor ordentlichen Gerichten. Für die au-ßergerichtliche Beratung durch Notare, Wirtschaftsprüfer und öffentliche Stellen bestehen Ausnahmen. Außerdem dürfen Gewerkschaftsvertreter vor Arbeits- und Sozialgerichten und Buch- und Wirtschaftsprüfer vor dem Finanzgericht vertreten.[217]

---

[213] ABG I S. 29; dazu auch Kleine-Cosack-RDG, S. 38, Rn. 26.
[214] ABG I S. 29; dazu auch Kleine-Cosack-RDG, S. 38, Rn. 26.
[215] ABG I S. 29; dazu auch Kleine-Cosack-RDG, S. 38, Rn. 26.
[216] ABG I S. 29; dazu auch Kleine-Cosack-RDG, S. 38, Rn. 27.
[217] ABG I S. 29; dazu auch Kleine-Cosack-RDG, S. 39, Rn. 27.

2. Niederlande

In den Niederlanden besitzt die Rechtsanwaltschaft dagegen keinerlei Monopolstellung bei der außergerichtlichen Besorgung fremder Rechtsangelegenheiten. Nichtanwälte und Nichtjuristen können somit entgeltlich und gewerblich Rechtsdienstleistungen erbringen. Einschränkungen bestehen nur im gerichtlichen Bereich zugunsten der Anwaltschaft. Die Situation im außergerichtlichen Beratungsmarkt soll dazu geführt haben, dass nichtanwaltliche Rechtsberater fast zwei Drittel des Rechtsberatungsmarktes eingenommen haben.[218]

3. Belgien

Im belgischen Recht existiert zwar ein Anwaltsmonopol für das Auftreten vor Gericht (Artikel 440 Code Judiciaire), ein Monopol zugunsten der Anwaltschaft im außergerichtlichen Bereich besteht hingegen nicht, so dass jedermann juristischen Rat anbieten kann.[219]

VI. Rechtsdienstleistungen in Österreich und der Schweiz

Die Befugnis zur Erbringung von Rechtsdienstleistungen ist in Österreich und der Schweiz grundsätzlich konträr ausgestaltet.

1. Österreich

Eine ähnliche Rechtslage wie im deutschen Recht besteht in Österreich. Die Rechtsanwaltsordnung Österreichs (RAO) sieht in § 8 Abs. 2 vor, dass die berufsmäßige Vertretung der Parteien grundsätzlich allein der Anwaltschaft als berufene Vertreter in allen gerichtlichen und außergerichtlichen sowie in allen öffentlichen und privaten Angelegenheiten vorbehalten ist. Ausnahmen bestehen für Notare, Patentanwälte, Wirtschaftstreuhänder und Berufsvereinigungen der Arbeitnehmer.[220]

2. Schweiz

In der Schweiz ist dagegen ein generelles Rechtsberatungsmonopol für die außergerichtliche Rechtsberatung unbekannt. Einschränkungen gibt es in einzelnen Kantonen für die gewerbliche bzw. entgeltliche Rechtsberatung. Auch die Vertretung vor Gericht ist, gestützt auf kantonale Vorschriften sowie vor eidgenössischen Gerichten aufgrund von Bundesgesetzen, in gewissen Fällen (z.B. Strafprozess) Anwälten vorbehalten. Allerdings herrscht in der Schweiz vor Gericht bisher kein Vertretungszwang.[221]

---

[218] ABG I S. 29; dazu auch Kleine-Cosack-RDG, S. 39, Rn. 27.
[219] ABG I S. 29; dazu auch Kleine-Cosack-RDG, S. 39, Rn. 27.
[220] ABG I S. 29; dazu auch Kleine-Cosack-RDG, S. 39, Rn. 28.
[221] ABG I S. 29; dazu auch Kleine-Cosack-RDG, S. 40, Rn. 28.

VII. Rechtsdienstleistungen in Griechenland

In Griechenland besteht gemäß Artikel 39 der Rechtsverordnung Nr. 3026/1954 ein Rechtsberatungsmonopol für Anwälte, die berufsmäßige, gerichtliche, teilweise behördliche und außergerichtliche Interessenwahrnehmung ausüben. Nichtanwälte, die solche Tätigkeiten erbringen, können auf Antrag der Anwaltsvereinigung bestraft werden. Die nicht gewerbliche, gelegentliche und unentgeltliche Beratung ist nicht geregelt. Diese scheint demnach nicht der Anwaltschaft vorbehalten zu sein.[222]

VIII. Rechtsdienstleistungen in Polen

In Polen stehen Rechtsanwälte (adwokaci), anwaltliche Rechtsberater (rdcy prawny) und gewerbliche Rechtsdienstleister in Konkurrenz zueinander. Für letztere wurde extra das gerichtliche Vertretungsverbot gelockert. Hintergrund dieser Deregulierung ist einerseits die relativ geringe Anzahl von Rechtsanwälten und andererseits die zahlreichen Universitätsabsolventen juristischer Studiengänge, die so eine sofortige berufliche Betätigungsmöglichkeit erhalten. Diese Universitätsabsolventen können sich nach fünfjähriger berufspraktischer Tätigkeit als gewerblicher Rechtsdienstleister der Anwaltsprüfung unterziehen, ohne die sonst erforderliche anwaltliche Anwärterzeit durchlaufen zu haben. Auf die nur sehr begrenzt vorhandenen Ausbildungsplätze in der Anwaltschaft sind sie deshalb nicht angewiesen.[223]

IX. Rechtsdienstleistungen in Estland und Ungarn

Die Befugnis zur Erbringung von Rechtsdienstleistungen ist in Estland und Ungarn gegensätzlich ausgestaltet.

1. Estland

In Estland ist die Rechtsberatung noch deregulierter als in Polen. Das Anwaltsmonopol besteht dort nur bei der Übernahme staatlich finanzierter Mandate und bei der Prozessvertretung vor dem Obersten Gerichtshof. In allen anderen Fällen befinden sich die Rechtsanwälte im freien Wettbewerb mit nicht anwaltlichen Rechtsdienstleistern.[224]

2. Ungarn

Demgegenüber ist in Ungarn die Erbringung von Rechtsdienstleistungen nur zugelassenen Rechtsanwälten gestattet.[225]

---

[222] ABG I S. 29; dazu auch Kleine-Cosack-RDG, S. 40, Rn. 29.
[223] ABG I S. 29 f.; dazu auch Kleine-Cosack-RDG, S. 40 f., Rn. 30.
[224] ABG I S. 30; dazu auch Kleine-Cosack-RDG, S. 41, Rn. 31.
[225] ABG I S. 30; dazu auch Kleine-Cosack-RDG, S. 41, Rn. 31.

X. Zusammenfassung und Ergebnis

Die meisten der betrachteten Staaten differenzieren zwischen gerichtlicher und außergerichtlicher Rechtsdienstleistung.[226]

Im überwiegenden Teil der 19 Staaten besteht ein grundsätzliches Anwaltsmonopol für gerichtliche Rechtsdienstleistungen. In drei dieser Staaten (Finnland, Norwegen und Frankreich) existiert dieses in gelockerter Form. Dort könnten Hochschuljuristen, wie Anwälte auch, gerichtlich tätig werden.

In rund der Hälfte aller betrachteten Staaten gibt es ein grundsätzliches Anwaltsmonopol für gerichtliche und außergerichtliche Rechtsdienstleistungen. In Norwegen, Dänemark, Frankreich, Portugal und Italien besteht dieses jedoch mit Ausnahmen – in Norwegen und Frankreich für Hochschuljuristen, in Dänemark für einschlägige Berufe, in Portugal für Rechtsprofessoren und in Italien für besondere Berufsgruppen für Rechtsdienstleistung im direkten Zusammenhang mit den Tätigkeiten der Berufe.

In mehr als der Hälfte der betrachteten Staaten existiert kein Anwaltsmonopol für nur außergerichtliche Rechtsdienstleistungen. In einigen Staaten kann sogar jeder, der sich berufen fühlt, grundsätzlich außergerichtliche und gerichtliche Rechtsdienstleistungen erbringen.

Tendenziell ist somit ein Trend zur Deregulierung der Rechtsberatungsmärkte, sprich weg vom reinen Anwaltsmonopol, für außergerichtliche und gerichtliche Rechtsdienstleistungen zu erkennen. In vielen der betrachteten Ländern ist bereits die freie Ausübung außergerichtlicher Rechtsdienstleistungen durch jedermann zu verzeichnen. Nicht gewerbliche und insbesondere unentgeltliche Rechtsberatung wird durch die betrachteten Staaten überwiegend nicht eingeschränkt.[227]

Im Vergleich zum eher regulierten deutschen Markt wäre eine Entwicklung zur Deregulierung der Rechtsberatung in Deutschland somit begrüßenswert.

F. Verfassungsrechtliche Betrachtung des RDG

Der Bachelor- sowie der Masterabschluss (Wirtschaftsrecht) sind berufsqualifizierend (§ 19 Abs. 2 und 3 HRG). Sie sollen Wirtschaftsjuristen dazu befähigen, den Beruf auszuüben. Als „Beruf" sind nicht nur gesellschaftlich und staatlich akzeptierte „Berufsbilder" anzusehen.[228] Vielmehr ist der Beruf jede erlaubte, für eine bestimmte Dauer und nicht

---

[226] So auch ABG I S. 30; dazu auch Kleine-Cosack-RDG, S. 41, Rn. 32.
[227] So auch ABG I S. 30; dazu auch Kleine-Cosack-RDG, S. 41, Rn. 32.
[228] Badura, Staatsrecht, S. 256.

nur vorübergehend ausgeübte wirtschaftliche Betätigung des Einzelnen, die der Schaffung und Erhaltung einer Lebensgrundlage dient.[229]

Sofern eine Tätigkeit als solche generell verboten ist, weil sie auf Grund ihrer Sozial- und Gemeinschaftsschädlichkeit schlechthin nicht am Schutz durch das Grundrecht der Berufsfreiheit teilhaben kann, wird sie dementsprechend auch nicht durch Art. 12 Abs. 1 GG geschützt. Verbietet hingegen das einfache Recht die gewerbliche Ausübung dieser Tätigkeit, ohne dass eine Sozial- und Gemeinschaftsschädlichkeit zu erkennen ist, greift der Schutz des Art. 12 Abs. 1 GG.[230]

Im abhängigen Beschäftigungsverhältnis ist dies im Rahmen der außergerichtlichen Rechtsdienstleistung unproblematisch. Dort wird die Qualifikation der Wirtschaftsjuristen, wie vom HRG vorgesehen, anerkannt und die Berufsausübung nicht durch das RDG eingeschränkt.

Die selbständige Erbringung einzelfallbezogener juristischer Rechtsdienstleistungen durch Wirtschaftsjuristen ist jedoch nicht vorgesehen, da diese nur in dem Umfang zulässig ist, in dem sie durch das RDG oder aufgrund anderer Gesetze erlaubt ist (§ 3 i. V. m. § 2 Abs. 1 RDG). Das RDG schränkt somit grundsätzlich die Berufsausübung des Wirtschaftsjuristen auf abhängige Beschäftigungsverhältnisse ein. Das Hochschulrahmengesetz sieht aber keine Unterscheidung zwischen einer Qualifikation für ein abhängiges Beschäftigungsverhältnis und einer Qualifikation für eine Selbständigkeit vor (§ 19 HRG). Es legt fest, dass beide Abschlüsse, Bachelor und Master, zur Ausübung des Berufs qualifizieren (§ 19 Ab. 2 und 3 HRG). Da durch die selbständige Ausübung des Berufs „Wirtschaftsjurist" durch Wirtschaftsjuristen mit Hochschulabschluss schlechthin keine Sozial- und Gemeinschaftsschädlichkeit zu erkennen ist[231], steht das Recht zur Berufsausübung unter dem Schutz des Art. 12 Abs. 1 GG. Es gilt also zu betrachten, in wie weit dieses grundsätzliche Berufsausübungsverbot durch das Verfassungsrecht gedeckt ist.

I. Artikel 12 Grundgesetz (Berufsfreiheit)

Nach Art. 12 Abs. 1 GG haben alle Deutschen das Recht, Beruf, Arbeitsplatz und Ausbildungsstätte frei zu wählen, jedoch kann die Berufsausübung durch Gesetz oder aufgrund eines Gesetzes geregelt werden.

---

[229] BVerfG, Urteil vom 28.03.2006 - 1 BvR 1054/01, NJW 2006, S. 1261 (1262), Rn. 81 ff.;Kleine-Cosack, Verfassungsbeschwerden und Menschenrechtsbeschwerde, Kap. 7, Rn. 947; Badura, Staatsrecht, S. 256; ähnlich Boehme-Neßler/Schmidt-Rögnitz/Markovska, Wirtschaftsrecht, S. 49; auch Detterbeck, Öffentliches Recht, S. 197, Rn. 463.

[230] BVerfG, Urteil vom 28.03.2006 - 1 BvR 1054/01, NJW 2006, S. 1261 (1262), Rn. 81 ff; Albrecht, Rechtsberatung, S. 49; ähnlich Boehme-Neßler/Schmidt-Rögnitz/Markovska, Wirtschaftsrecht, S. 49.

[231] Insgesamt so auch Vogler, wirtschaftsjuristische Studiengänge, § 4, S. 125.

Artikel 12 GG gewährleistet somit, dass alle Deutschen bei der Ausübung des Berufes nur durch solche gesetzlichen Regelungen beschränkt werden, die im öffentlichen Interesse erforderlich sind.[232]

Die Berufsfreiheit hat eine nicht zu unterschätzende ökonomische Bedeutung, weshalb Eingriffe des Staates in diese Freiheit nur durch eine besondere verfassungsrechtliche Rechtfertigung möglich sind.[233]

Ob die Einschränkung des § 3 RDG, Wirtschaftsjuristen die Erbringung selbständiger, außergerichtlicher Rechtsdienstleistung im Wirtschaftsrecht nicht zu gestatten im öffentlichen Interesse erforderlich und somit verfassungsmäßig im Sinne von Art. 12 Abs. 1 GG ist, muss sich an der Verhältnismäßigkeit messen lassen.[234]

Die Prüfung der Verhältnismäßigkeit erfolgt anhand der zuerst vom BVerfG entwickelten Stufentheorie.[235]

II. Die Drei-Stufen-Theorie

Nach dieser muss die Grundrechtsbegrenzung geeignet sein, den Schutz des Rechtsguts zu bewirken. Sie muss dazu erforderlich sein. Was nicht der Fall ist, wenn ein milderes Mittel ausreicht. Schließlich muss sie im engeren Sinne verhältnismäßig sein, das heißt in angemessenem Verhältnis zu dem Gewicht und der Bedeutung des Grundrechts stehen.[236]

Das Mittel ist geeignet, wenn mit seiner Hilfe der gewünschte Erfolg gefördert werden kann. Erforderlich ist es, wenn der Gesetzgeber nicht ein anderes gleich wirksames, aber das Grundrecht nicht oder doch weniger fühlbar einschränkendes Mittel wählen könnte. Bei einer Gesamtabwägung zwischen der Schwere des Eingriffs und dem Gewicht sowie der Dringlichkeit der ihn rechtfertigenden Gründe muss der Eingriff zumutbar sein. Die Maßnahme darf den Betroffenen nicht übermäßig belasten.[237]

III. Der Eingriff in die Berufsfreiheit der Wirtschaftsjuristen

Das RDG gestattet die selbständige Erbringung außergerichtlicher Rechtsdienstleistungen durch Wirtschaftsjuristen nur in dem Umfang, in dem sie durch das RDG oder auf-

---

[232] Badura, Staatsrecht, S. 256.

[233] Boehme-Neßler/Schmidt-Rögnitz/Markovska, Wirtschaftsrecht, S. 48.

[234] BVerfG, Beschluß vom 30.10.1961 - 1 BvR 833/59, NJW 1961, S. 2299 (2300); Kleine-Cosack, Verfassungsbeschwerden und Menschenrechtsbeschwerde, Kap. 7, Rn. 953; Albrecht, Rechtsberatung, S. 50; Badura, Staatsrecht, S. 135, 376; Sodan/Ziekow, Grundkurs Öffentliches Recht, S. 345, Rn. 28; Detterbeck, Öffentliches Recht, S. 204, Rn. 477 ff.; Ipsen, Staatsrecht II, S. 187, Rn. 652 ff.

[235] BVerfG, Urteil vom 11.06.1958 - 1 BvR 596/56, NJW 1958, S. 1035 (1038 ff.); Albrecht, Rechtsberatung, S. 50; Badura, Staatsrecht, S. 259.

[236] BVerfG, Beschluss vom 20.06.1984 - 1 BvR 1494/78, NJW 1985, S. 121 (122); Badura, Staatsrecht, S. 135 f.; Albrecht, Rechtsberatung, S. 51 ff.; Boehme-Neßler/Schmidt-Rögnitz/Markovska, Wirtschaftsrecht, S. 50 f.

[237] BVerfG, Beschluss vom 20.06.1984 - 1 BvR 1494/78, NJW 1985, S. 121 (123); Badura, Staatsrecht, S. 136.

grund anderer Gesetze gestattet ist (§ 3 RDG). Es hat den Anspruch, die Rechtsuchenden, den Rechtsverkehr und die Rechtsordnung vor unqualifizierten Rechtsdienstleistungen zu schützen (§ 1 Abs. 1 Satz 2 RDG).

Es erlaubt den Wirtschaftsjuristen die selbständige Erbringung von Dienstleistungen, die per Definition keine Rechtsdienstleistungen im Sinne von § 2 Abs. 3 RDG sind. Auch gestattet sind die Erbringung von Rechtsdienstleistungen als Nebenleistung entsprechend § 5 Abs. 1 und 2 RDG sowie die unentgeltliche Erbringung von außergerichtlichen Rechtsdienstleistungen gemäß § 6 RDG. Entsprechend § 8 RDG können auch Mandate von gerichtlichen oder behördlichen Stellen angenommen werden. Die Erbringung außergerichtlicher Rechtsdienstleistungen aufgrund besonderer Sachkunde entsprechend § 10 RDG (Inkassodienstleistungen, Rentenberatung, Rechtsdienstleistungen in einem ausländischen Recht) sind, sofern die besondere Sachkunde nachgewiesen werden kann, durch Wirtschaftsjuristen auch gesetzlich gestattet.

Dies scheint auf den ersten Blick ein weites Aufgabenspektrum darzustellen. Fakt ist jedoch, dass sich das Wirtschaftsrecht nicht nur auf die im RDG für Wirtschaftsjuristen erlaubten Tätigkeiten beschränkt. Das Wirtschaftsrecht erstreckt sich auf das Wirtschaftsverfassungsrecht, das Wirtschaftsverwaltungsrecht, das Wirtschaftsprivatrecht (bürgerliches Recht, Handelsrecht, Gesellschaftsrecht, Arbeitsrecht, das Kartell- und Wettbewerbsrecht, das Recht der Kreditsicherheiten sowie das Recht des internationalen Privat- und Kaufrechts).[238] Die selbständige Erbringung von außergerichtlichen Rechtsdienstleistungen auf den Gebieten des Wirtschaftsrechts, die nicht durch das RDG gestattet sind und eine rechtliche Prüfung des Einzelfalls erfordern, sind Wirtschaftsjuristen nicht erlaubt.

Zumal die praktische Verwertbarkeit der durch das RDG zugesprochenen Möglichkeiten, wie schon besprochen[239], für den Aufbau einer Selbständigkeit unmittelbar nach dem Studium und darüber hinaus von fragwürdiger Qualität sind.

In die Berufsfreiheit (Berufsausübung) von qualifizierten Wirtschaftsjuristen greift der Staat hier mit der Argumentation ein „die Rechtsuchenden, den Rechtsverkehr und die Rechtsordnung vor unqualifizierten Rechtsdienstleistungen zu schützen" (§ 1 Abs. 1 Satz 2 RDG).

Wie die Monopolkommission[240] bereits 2004/2005 feststellte, ist es vertretbar, erkennbar unqualifizierte Personen von der Rechtsberatung auszuschließen. Gerechtfertigt werden

---

[238] Boehme-Neßler/Schmidt-Rögnitz, Wirtschaftsrecht, S. 6 f.
[239] Siehe unter D. V.
[240] Moko DS-16/2460.

kann jedoch nicht, die tatsächlich bestehenden Qualifikationen einer bestimmten Gruppe von Personen einfach zu übergehen.[241]

Durch die Entstehung von Studiengängen, die zum Diplom-Wirtschaftsjuristen (Vorgänger des heutigen Wirtschaftsjuristen LL.B. bzw. LL.M.) ausbilden, soll eine solche Situation eingetreten sein. Hier existierte schon 2004/2005 eine Gruppe von Personen, die auf einem relevanten und breiten Rechtsgebiet eindeutig qualifiziert waren, jedoch nicht zur selbständigen Rechtsberatung auf diesem Gebiet zugelassen wurden[242], was sich bis heute nicht geändert hat.

Der Gesetzgeber legt in § 19 Abs. 2 und 3 HRG ausdrücklich fest, dass Bachelor- sowie Masterabschlüsse berufsqualifizierend sind, verweigert aber den Wirtschaftsjuristen auf dem Gebiet des Wirtschaftsrechts den uneingeschränkten Zugang zum Markt, weil er sie entsprechend dem RDG für unqualifiziert hält.

Diese widersprüchliche Gesetzeslage, die die Qualifikationen der Wirtschaftsjuristen übergeht, verhindert Existenzgründungen unter Verwendung einer Rechtfertigung, die einer verfassungsrechtlichen Überprüfung wohl kaum standhalten dürfte. Deshalb wird im Folgenden der Eingriff in die Berufsfreiheit der Wirtschaftsjuristen anhand der Drei-Stufen-Theorie geprüft.

1. Geeignetheit des Eingriffs

Fraglich ist, ob der Eingriff (Anwaltsvorbehalt entsprechend § 3 RDG i.V.m. § 3 BRAO) zur Erreichung des Eingriffszwecks, „die Rechtsuchenden, den Rechtsverkehr und die Rechtsordnung vor unqualifizierten Rechtsdienstleistungen zu schützen", geeignet ist.[243]

Der Eingriff in die Berufsfreiheit ist für die Erreichung des angestrebten Zwecks geeignet, wenn mit seiner Hilfe der gewünschte Erfolg gefördert werden kann.[244]

Hohe Zulassungsanforderungen können generell für die Sicherung der Leistungsqualität geeignet sein, wenn die geforderte Ausbildung und Qualifikation mit den Erfordernissen der angestrebten Tätigkeit in einem sachlichen Zusammenhang stehen.[245] Wesentliche Anforderungen an die Zulassung zur Anwaltschaft sind formal die beiden Staatsexamina.[246] Dadurch soll inhaltlich der erfolgreiche Abschluss eines Studiums der Rechtswis-

---

[241] Moko S. 394, Rn. 1023.

[242] So die Moko S. 394, Rn. 1024.

[243] BVerfG, Beschluss vom 20.06.1984 - 1 BvR 1494/78, NJW 1985, S. 121 (123); Badura, Staatsrecht, S. 136; Albrecht, Rechtsberatung, S. 51.

[244] BVerfG, Urteil vom 28.03.2006 - 1 BvR 1054/01, NJW 2006, S. 1261 (1264); Kleine-Cosack, Verfassungsbeschwerden und Menschenrechtsbeschwerde, Kap. 7, Rn. 956; Albrecht, Rechtsberatung, S. 77.

[245] Albrecht, Rechtsberatung, S. 77.

[246] Albrecht, Rechtsberatung, S. 77.

senschaft und auch das Erlernen der korrekten Anwendung der dort erworbenen Kenntnisse in der Rechtspraxis im Referendariat gewährleistet werden.[247]

Die Annahme, dass diese Kenntnisse hilfreich sind, um den Zweck des Schutzes der Rechtsuchenden, des Rechtsverkehrs und der Rechtsordnung zu fördern, ist nachvollziehbar.[248] Der Anwaltsvorbehalt ist somit für die Förderung des Eingriffszwecks geeignet.

2. Erforderlichkeit des Eingriffs

Ferner muss der Eingriff (grundsätzliches Berufsausübungsverbot für Wirtschaftsjuristen) erforderlich sein. Das ist nicht der Fall, wenn ein milderes Mittel ausreicht. Könnte der Gesetzgeber demnach ein anderes, gleich wirksames, aber das Grundrecht nicht oder doch weniger fühlbar einschränkendes Mittel wählen, ist der Eingriff nicht erforderlich.[249]

a) Gefährdung des Schutzzweckes

Ist durch die tatsächliche Tätigkeit des Grundrechtsinhabers der Schutzzweck nicht gefährdet, ist milderes Mittel die Aufhebung der Reglementierung.[250] Was bedeutet, dass den Wirtschaftsjuristen, wenn durch ihre Tätigkeit auf dem Gebiet des Wirtschaftsrechts die Rechtsuchenden, der Rechtsverkehr und die Rechtsordnung nicht gefährdet werden, die selbständige Erbringung von außergerichtlichen Rechtsdienstleistungen auf dem Gebiet des Wirtschaftsrechts zu gestatten ist. Die gesetzliche Beschränkung der Berufsausübungsfreiheit der Wirtschaftsjuristen wäre dann nicht erforderlich.

aa) Gefährdung des Schutzzwecks laut Gesetzgeber

Der Gesetzgeber hält eine Nichtzulassung von Wirtschaftsjuristen zur außergerichtlichen Rechtsberatung für erforderlich (entsprechend § 3 RDG).[251] Nach dessen Ansicht könnte eine derartige Zulassung nicht nur auf Diplom-Wirtschaftsjuristen (Vorgänger des heutigen Wirtschaftsjuristen LL.B. bzw. LL.M.) beschränkt werden, sondern müsste auch auf Juraabsolventen mit erster Staatsprüfung ausgedehnt werden.[252]

Es solle dadurch zu einem Nebeneinander von zwei auf die gleiche Tätigkeit ausgerichteten Rechtsdienstleistungsberufen mit völlig unterschiedlichen Berufsqualifikationen kommen, was dem Rechtsuchenden auch bei Statuierung umfassender Informationspflichten

---

[247] Albrecht, Rechtsberatung, S. 77.

[248] Albrecht, Rechtsberatung, S. 78.

[249] BVerfG, Beschluss vom 20.06.1984 - 1 BvR 1494/78, NJW 1985, S. 121 (123); Kleine-Cosack, Verfassungsbeschwerden und Menschenrechtsbeschwerde, Kap. 7, Rn. 957; Badura, Staatsrecht, S. 136; Albrecht, Rechtsberatung, S. 81.

[250] BVerfG, Beschluss vom 20.06.1984 - 1 BvR 1494/78, NJW 1985, S. 121 (123); Albrecht, Rechtsberatung, S. 81; auch Vogler, wirtschaftsjuristische Studiengänge, § 4, S. 120.

[251] ABG I, S. 31; Moko S. 395, Rn. 1025.

[252] ABG I, S. 31; Moko S. 395, Rn. 1025.

nicht zu vermitteln sei.[253] Auch bedenklich solle sein, einen neuen rechtsberatenden Beruf ohne die umfassenden Berufspflichten des Rechtsanwaltes einzuführen. Die Ausdehnung dieser Berufspflichten auf neue Rechtsberatungsberufe solle aber ebenso unterbleiben, um eine „Erosion" dieser Berufspflichten zu verhindern.[254]

Außerdem solle die qualifizierte Rechtsberatung „umfassende Kenntnisse des geltenden Rechts" und nicht nur solche in einem Teilbereich sowie die Berücksichtigung prozessualer Auswirkungen, deren Kenntnis erst durch den juristischen Vorbereitungsdienst vermittelt werden, erfordern.[255] Ferner stehe es Wirtschaftsjuristen auch frei, ein ergänzendes Jurastudium nebst Referendariat zu absolvieren, um anschließend als Rechtsanwalt tätig zu werden.[256]

bb) keine Gefährdung des Schutzzwecks laut Monopolkommission

Die Monopolkommission hielt diese Begründung für den Ausschluss der Wirtschaftsjuristen im Hauptgutachten 2004/2005 für nicht überzeugend.[257]

Die Ansicht, dass eine qualifizierte Rechtsberatung nur bei einer umfassenden Kenntnis des geltenden Rechtes erfolgen könne, sei problembehaftet, weil diese Anforderung auch von Volljuristen mit zweitem Staatsexamen nicht erfüllt werden könne.[258] *„Angesichts des Umfangs und der Komplexität der heutigen Rechtsordnung – einschließlich des Europarechts und möglicherweise anwendbarer ausländischer Rechtsnormen – können auch gute Juristen nur noch Teilbereiche des Rechts beherrschen."*[259] Auch die klassische juristische Ausbildung bestehe zu fast 100 Prozent aus juristischen Inhalten, lehre aber – innerhalb des Pflichtfachbereiches – nicht 100 Prozent der Rechtsordnung.[260] Das war nicht nur zum Zeitpunkt der Erstellung des Hauptgutachtens so, sondern trifft heute auch noch zu.[261]

Bei Rechtsanwälten soll ohne weiteres hingenommen werden, dass sie auch in Bereichen arbeiten können, die nicht Teil ihrer Pflichtausbildung waren.[262] Dazu gehört z.B. das Steuerrecht, in welchem Rechtsanwälte unbeschränkt zur Hilfeleistung befugt sind (entsprechend § 3 Abs. 1 BRAO). In der juristischen Ausbildung sollen jedoch das Steuerrecht und damit zusammenhängende Materien wie Buchführung und Bilanzrecht ganz

---

[253] ABG I, S. 31; Moko S. 395, Rn. 1025.
[254] ABG I, S. 32; Moko S. 395, Rn. 1025.
[255] ABG I, S. 32; Moko S. 395, Rn. 1025.
[256] ABG I, S. 32; Moko S. 395, Rn. 1025.
[257] Moko S. 395, Rn. 1026.
[258] Moko S. 395, Rn. 1026.
[259] Moko S. 395, Rn. 1026.
[260] Moko S. 395, Rn. 1026.
[261] Beispielhaft sei hier die Studienordnung der FU-Berlin aufgeführt, die die Argumentation der Monopolkommission stützt, http://www.fu-berlin.de/service/zuvdocs/amtsblatt/2007/ab682007.pdf?1307214114, Anlage 1 zur Studienordnung, Seite 1799, letzter Zugriff 07.06.2014, 14.35 Uhr.
[262] Moko S. 395, Rn. 1027.

regelmäßig nicht Teil der juristischen Pflichtausbildung sein (Ausnahmen sollen in Bayern bestehen).[263] Trotzdem soll allgemein davon ausgegangen werden, dass die juristische Pflichtausbildung die Methodenkenntnisse so gut vermittelt, dass eine Einarbeitung in nicht abgedeckte Rechtsgebiete auch möglich ist, obwohl dies gerade im Steuerrecht wegen dessen Zusammenhang mit eher betriebswirtschaftlichen Materien wie der Buchführung zweifelhaft ist.[264]

Gegen die Ausbildung der Wirtschaftsjuristen wird vom Gesetzgeber ferner vorgebracht, dass diese unvollständig und der Anteil der juristischen Ausbildung mit ca. 60 Prozent zu gering sei.[265] Dem soll aber entgegengehalten werden können, dass die Ausbildung der Wirtschaftsjuristen dafür andere, wirtschaftswissenschaftliche Elemente enthält, die in der klassischen Ausbildung der Juristen fehlen, aber für eine geeignete wirtschaftsrechtliche Beratung oft hilfreich oder sogar notwendig sind.[266]

Wieso eine Ausdehnung bestimmter anwaltlicher Berufspflichten auf rechtsberatende Wirtschaftsjuristen – wie behauptet[267] – zu einer „Erosion" anwaltlicher Pflichten führen soll, ist laut Monopolkommission unverständlich.[268] Eine Verpflichtung auf gewisse ethische Grundregeln, die auch für Anwälte gelten, hält sie für unproblematisch.[269]

Nach Ansicht der Monopolkommission sollte eine Erlaubnis zur außergerichtlichen Rechtsberatung nicht auf Wirtschaftsjuristen beschränkt bleiben.[270] Auch Juristen mit erstem Staatsexamen sollten zur außergerichtlichen Rechtsberatung zugelassen werden.[271] Kommt es ggf. auch bei den juristischen Studiengängen zu einer Einführung des Bachelor-Master-Modells, sollten bereits Bachelorabsolventen die Erlaubnis zur außergerichtlichen Rechtsberatung erhalten – möglicherweise verbunden mit der Anforderung eines Nachweises von praktischer Tätigkeit.[272] Nur so solle den Anforderung des Bologna-Prozesses, dass bereits der Bachelor eine Berufsqualifikation vermittelt, nachgekommen werden können.[273] So wie es bereits in § 19 Abs. 2 HRG vorgesehen ist.

---

[263] Moko S. 395, Rn. 1027.
[264] Moko S. 395, Rn. 1027.
[265] Moko S. 395, Rn. 1028.
[266] Moko S. 395, Rn. 1028.
[267] ABG I, S. 32.
[268] Moko S. 395, Rn. 1031.
[269] Moko S. 395, Rn. 1031.
[270] Moko S. 395, Rn. 1032.
[271] Moko S. 395, Rn. 1032.
[272] Moko S. 395, Rn. 1032.
[273] Moko S. 395, Rn. 1032.

b) Nicht Erforderlichkeit des Eingriffes

Die Berufsfreiheit hat eine nicht zu unterschätzende ökonomische Bedeutung, weshalb Eingriffe des Staates in diese Freiheit nur durch eine besondere verfassungsrechtliche Rechtfertigung möglich sind.[274]

Ein Eingriff ist dann als erforderlich anzusehen, wenn „sachliche, objektiv gegebene und wissenschaftlich verifizierbare Gesichtspunkte"[275] dafür sprechen, dass bei fehlender Reglementierung die zu schützenden Gemeinwohlbelange gefährdet sind.[276]

Betrachtet man die beiden dargelegten Standpunkte, erscheinen die Argumente des Gesetzgebers kaum plausibel. Keine der durch den Gesetzgeber aufgestellten Behauptungen ist wissenschaftlich belegt. Es wird hier durch den Gesetzgeber lediglich etwas behauptet.[277] Behauptungen erfüllen weder einen wissenschaftlichen Standard, noch sind sie sachlich und objektiv. Eine Gefährdung des Gemeinwohls kann damit nicht belegt werden. Ein staatlicher Eingriff in die Berufsausübungsfreiheit (gemäß Art. 12 Abs. 1 Satz 2 GG) der Wirtschaftsjuristen ist dementsprechend nicht nachvollziehbar.

Der Standpunkt der Monopolkommission hingegen erscheint einleuchtend und realitätsnah. Sie sieht bei der Erbringung von außergerichtlichen Rechtsdienstleistungen durch Wirtschaftsjuristen keine Gefährdung der Rechtsuchenden, des Rechtsverkehrs und der Rechtsordnung. Gestützt wird der Standpunkt der Monopolkommission unter anderem durch § 19 HRG, der Bachelor- und Masterabsolventen einen berufsqualifizierenden Abschluss sichern soll. Eine Differenzierung zwischen abhängiger und selbständiger Beschäftigung trifft § 19 HRG nicht. Die Argumente der Monopolkommission sind zudem faktisch nachvollziehbar und bieten mildere Ansatzpunkte als ein generelles Verbot zur Erbringung außergerichtlicher Rechtsdienstleistungen.

Mit Rückblick auf die vorangestellten Ausführungen muss festgestellt werden, dass der Schutzzweck des RDG nicht durch die Erbringung von außergerichtlichen Rechtsdienstleistungen durch Wirtschaftsjuristen, auf dem Gebiet des Wirtschaftsrechts, verletzt wird. Der Eingriff des Gesetzgebers in die Berufsausübungsfreiheit der Wirtschaftsjuristen ist somit nicht erforderlich und letztlich nicht verfassungsgemäß.

Nicht nur die Monopolkommission fordert verständlicherweise die Freigabe des außergerichtlichen Rechtsdienstleistungsmarktes für Wirtschaftsjuristen auf dem Gebiet des Wirtschaftsrechts. Einige andere Stimmen sehen das RDG ebenfalls kritisch und fordern unter

---

[274] Boehme-Neßler/Schmidt-Rögnitz/Markovska, Wirtschaftsrecht, S. 48.

[275] Kluth/Goltz/Kujath, Die Zukunft der freien Berufe in der Europäischen Union, S. 123.

[276] Albrecht, Rechtsberatung, S. 80.

[277] So auch Kramer, Stellungnahme RDG, S. 8; auch fehlen empirische Belege, Vogler, wirtschaftsjuristische Studiengänge, § 4, S. 121.

anderem auch die Freigabe des Rechtsdienstleistungsmarktes für Wirtschaftsjuristen.[278] Kramer bescheinigt dem Gesetzgeber, in der Art und Weise wie im RDG formuliert wird, sogar Unehrlichkeit.[279] Er bezeichnet eine Formulierung als „dunkle Rhetorik", über deren Sinn man nur spekulieren könnte.[280] Andere Autoren wiederum entziehen sich dahingehend einer Äußerung und beschränken sich auf die Wiedergabe der Argumente des Gesetzgebers, ohne diese zu hinterfragen.[281] Weitere Autoren verteidigen grundsätzlich das RDG, sehen aber zum Beispiel Nachbesserungspotential durch eine Erweiterung der Zertifizierungsregelungen der §§ 10 ff. RDG[282], um den Veränderungen am Markt gerecht zu werden, was der Argumentation des Gesetzgebers jedoch entgegensteht[283].

IV. Ergebnis

Der Gesetzgeber kann anhand seiner dargelegten Argumentation nicht plausibel begründen, warum ein Eingriff in die Berufsausübungsfreiheit der Wirtschaftsjuristen auf dem Gebiet des Wirtschaftsrechts erforderlich sein soll. Ein starkes Indiz hierfür ist, dass § 19 HRG Bachelor- und Masterabsolventen einen berufsqualifizierenden Abschluss sichern soll. Auch unterscheidet dieser nicht zwischen einer Qualifikation für eine freiberufliche oder abhängige berufliche Betätigung. An der nötigen Qualifikation, die für die Erbringung außergerichtlicher Rechtsdienstleistungen wichtig ist, um die Rechtsuchenden, den Rechtsverkehr und die Rechtsordnung vor unqualifizierten Rechtsdienstleistungen zu schützen, mangelt es somit gemäß HRG nicht.

Warum sollte der Gesetzgeber die Berufsqualifikation gesetzlich zusichern, wenn er die Erwerber dieser Qualifikation nicht für qualifiziert hält, den Beruf selbständig auszuüben? Warum Wirtschaftsjuristen mit entsprechendem Abschluss nicht selbständig außergerichtlich im Wirtschaftsrecht Rechtsdienstleistungen erbringen dürfen, im abhängigen Beschäftigungsverhältnis hingegen sehr wohl, erschließt sich dahingehend nicht. Der Eingriff des Staates in die Berufsausübungsfreiheit der Wirtschaftsjuristen ist entsprechend überzogen und somit nicht erforderlich. Eine Vereinbarkeit des Eingriffs mit dem Grundgesetz ist demzufolge nicht gegeben.

---

[278] Kleine-Cosack-RDG, S. 44, Rn. 38; Albrecht, Rechtsberatung, S. 143; Albrecht, GewA 2013, S. 7 (11); Bergmans, ZRP 2013, S. 114 (117) ; auch Vogler, wirtschaftsjuristische Studiengänge, § 4, S. 129; auch kritisch Kramer, Stellungnahme RDG, S. 13; dazu auch http://www.wjfh.de/wir-ueber-uns-uebersicht/verfassungsbeschwerde.html, Zugriff 10.06.2014, 12.05 Uhr.
[279] So Kramer, Stellungnahme RDG, S. 3.
[280] So Kramer, Stellungnahme RDG, S. 14.
[281] Hk-RDG/Schmidt, § 10 Rn. 4; Unseld/Degen, RDG, Einl., Rn. 8.
[282] So Kluth, GewA 2013, 12 (16).
[283] ABG I, S. 31 f; dazu auch F. III. 2. a) aa).

G. Europarechtliche Betrachtung des RDG

Der Vertrag über die Arbeitsweise der Europäischen Union (AEUV) gewährt innerhalb dieser Grundfreiheiten. Das sind die Warenverkehrsfreiheit (Artt. 28-37 AUEV), die Arbeitnehmerfreizügigkeit (Artt. 45-55 AUEV), die Niederlassungsfreiheit (Artt. 49-55 AUEV), die Dienstleistungsfreiheit (Artt. 56-62 AEUV), die Freiheit des Kapital- und Zahlungsverkehrs (Artt. 63-66 AEUV) sowie das Freizügigkeitsrecht der Unionsbürger (Artt. 21 Abs. 1 AEUV).

Im Gegensatz zu den anderen Grundfreiheiten knüpft das Freizügigkeitsrecht der Unionsbürger nicht an eine wirtschaftliche Betätigung dieser an.[284]

Ziel dieser Freiheiten ist es, dass Produkte, die in einem Mitgliedstaat verkehrsfähig sind, auch in einem anderen Mitgliedstaat in den Verkehr gebracht werden können. Ebenso sollen Unionsbürger, die in einem Mitgliedstaat eine bestimmte wirtschaftliche Tätigkeit ausüben, diese auch in einem anderen Mitgliedstaat ausüben dürfen.[285]

Diese Grundfreiheiten müssen einen grenzüberschreitenden Bezug aufweisen, sonst sind grundsätzlich nationale Regelungen anwendbar (Art. 49 Satz 1 AEUV; Art. 56 Satz 1 AEUV).

Verstößt ein nationales Recht eines Mitgliedstaates ohne ordnungsgemäße Rechtfertigung gegen diese Grundfreiheiten, ist das nationale Recht nicht anwendbar und der Betroffene kann die nationalen Gerichte sowie den Europäischen Gerichtshof bemühen.[286]

Im Rahmen dieser Ausführungen kommen die Niederlassungsfreiheit (Artt. 49 ff. AUEV) und die Dienstleistungsfreiheit (Art. 56 ff. AEUV) in Betracht, da es um die selbständige Erbringung von außergerichtlichen Rechtsdienstleistungen geht.[287]

Bei grenzüberschreitender Rechtsberatung ist regelmäßig ein Eingriff in die Dienstleistungsfreiheit zu prüfen. Sollte der Anwendungsbereich der Niederlassungsfreiheit ggf. auch eröffnet sein, genießt die Niederlassungsfreiheit in solch einem Fall Vorrang vor der Dienstleistungsfreiheit. Eine Beschränkung der Dienstleistungsfreiheit unterliegt jedoch strengeren Rechtfertigungsgründen, weil sich ein Niederlassungswilliger „freiwillig und dauerhaft" in die Obhut einer fremden Rechtsordnung begibt.[288] Deshalb kann eine Beschränkung der Niederlassungsfreiheit ggf. gerechtfertigt sein, gleichzeitig jedoch die Dienstleistungsfreiheit unzulässig einschränken.[289]

---

[284] Ahlt/Dittert, Europarecht, S. 191; Boehme-Neßler/Schmidt-Rögnitz/Markovska, Wirtschaftsrecht, S. 15 f.

[285] Ahlt/Dittert, Europarecht, S. 191.

[286] Boehme-Neßler/Schmidt-Rögnitz/Markovska, Wirtschaftsrecht, S. 16; Ahlt/Dittert, Europarecht, S. 193.

[287] Zum Entgegenstehen der Grundfreiheiten zum RDG, Kleine-Cosack-RDG, S. 57, Rn. 60 f.

[288] Kleine-Cosack-RDG, S. 57, Rn. 60 f.; Albrecht, Rechtsberatung, S. 205; Calliess/Ruffert/Bröhmer, AEUV Art. 49, Rn. 31.

[289] EuGH, Urteil vom 3.10.2000 - Rs. C-58/98, EuR 2001, S. 275 (282), Rn. 45; Albrecht, Rechtsberatung, S. 205.

Es erscheint daher zweckmäßig, die Dienstleistungsfreiheit vorrangig zu prüfen. Ein rechtmäßiger Eingriff des Staates in diese indiziert regelmäßig auch einen rechtmäßigen Eingriff in die Niederlassungsfreiheit.[290]

I. Art. 56 AEUV (Dienstleistungsfreiheit)

Entsprechend Art. 56 Abs. 1 AEUV sind Beschränkungen des freien Dienstleistungsverkehrs innerhalb der Union für Angehörige der Mitgliedstaaten, die in einem anderen Mitgliedstaat als demjenigen des Leistungsempfängers ansässig sind, nach Maßgabe der Artt. 56 – 62 AEUV verboten.

Die Bedeutung der Dienstleistungsfreiheit für die modernen Volkswirtschaften ist enorm und gewinnt weiter an Bedeutung. Dieser Gegebenheit trägt Art. 56 AEUV Rechnung.[291] Daher sind alle Beschränkungen des freien Dienstleistungsverkehrs durch staatliche Stellen innerhalb der Europäischen Union grundsätzlich untersagt. Es besteht, wie bei anderen Grundfreiheiten auch, ein umfassendes Beschränkungsverbot.[292]

Auf die Dienstleistungsfreiheit können sich Staatsangehörige der Mitgliedstaaten, die in der Union ansässig sind (Art. 56 Abs. 1 AEUV), berufen. Unter „ansässig" ist nicht der Wohnsitz der Person zu verstehen. Es ist der Ort der wirtschaftlichen Niederlassung maßgeblich. Vorausgesetzt nationale Grenzen werden überschritten, kann sich der Einzelne auch gegenüber seinem Staat auf die Dienstleistungsfreiheit berufen.[293]

Ein gegen die Dienstleistungsfreiheit verstoßender Eingriff ist an der jeweiligen abschließenden Harmonisierungsmaßnahme (regelmäßig eine Richtlinie) zu messen, welche im Einklang mit Artt. 56 ff. AEUV auszulegen ist.[294] Erfolgte keine (vollständige) Harmonisierung, bleiben die Mitgliedstaaten (insoweit) dafür zuständig, die Bedingungen für die Aufnahme und Ausübung von Dienstleistungen zu reglementieren. Jedoch müssen diese trotzdem die Grundfreiheiten beachten.[295] In solch einem Fall wird anhand einer Schrankensystematik (wie bereits im deutschen Verfassungsrecht) geprüft, ob der Eingriff europarechtskonform ist.[296]

Entsprechend der Verweisung von Art. 62 AEUV auf die Artt. 51 bis 54 AEUV sind Tätigkeiten, die in einem Mitgliedstaat dauernd oder zeitweise mit der Ausübung öffentlicher Gewalt (Art. 51 AEUV) verbunden sowie Sonderregelung für Ausländer, die aus Gründen

---

[290] So auch Albrecht, Rechtsberatung, S. 205.
[291] Boehme-Neßler/Schmidt-Rögnitz/Markovska, Wirtschaftsrecht, S. 19.
[292] Boehme-Neßler/Schmidt-Rögnitz/Markovska, Wirtschaftsrecht, S. 19.
[293] EuGH, Urteil vom 19.01.1988, BeckEuRS 1988, 142185; Ahlt/Dittert, Europarecht, S. 242.
[294] EuGH, Urteil vom 21.03.2002 - Rs. C-451/99, EuZW 2002, S. 444 Rn. 53 ff; Ahlt/Dittert, Europarecht, S. 242.
[295] EuGH, Urteil vom 03.10.2000 - Rs. C-58/98, EuZW 2000, S. 763 Rn. 28 ff.; Ahlt/Dittert, Europarecht, S. 246.
[296] Calliess/Ruffert/Winfried Kluth, AEUV Art. 57, Rn. 71 ff.; Ahlt/Dittert, Europarecht, S. 246.

der öffentlichen Ordnung, Sicherheit oder Gesundheit (Art. 52 AEUV) gerechtfertigt sind, nicht von der Dienstleistungsfreiheit geschützt.

1. Der europäische Dienstleistungsbegriff

Dienstleistungen sind gemäß Art. 57 AEUV Leistungen, die in der Regel gegen Entgelt erbracht werden, soweit sie nicht den Vorschriften über den freien Waren- und Kapitalverkehr sowie der Freizügigkeit der Personen unterliegen.

Die Freiheitsgewährleistung soll möglichst umfassend sein, deshalb ist der Begriff der Dienstleistung im europäischen Sinn sehr weit auszulegen. Mit dem wirtschaftswissenschaftlichen Dienstleistungsbegriff ist dieser nicht zu vergleichen.[297] Der europäische Dienstleistungsbegriff soll möglichst alle wirtschaftlich relevanten Handlungen erfassen, die nicht unter die Arbeitnehmer- sowie Niederlassungsfreiheit fallen (sogenannte Auffangfunktion).[298]

Die Bestimmung nennt selbständige Tätigkeiten (nicht Berufe) und zählt insbesondere gewerbliche, kaufmännische, handwerkliche und freiberufliche Tätigkeiten auf, welche im Zusammenhang mit dem Überschreiten von Grenzen erbracht werden (Art. 57 Abs. 2 AEUV).[299]

2. Formen der Grenzüberschreitung

Eine Grenzüberschreitung kann sich für gewöhnlich in Form der Korrespondenz-, der aktiven und passiven Dienstleistung darstellen.[300]

a) Aktive Dienstleistungsfreiheit

Begibt sich der Dienstleistungserbringer vorübergehend zum Leistungsempfänger in einen anderen Mitgliedstaat, (so wie in Art. 57 Abs. 3 AEUV vorgesehen) wird von der sogenannten aktiven (auch positiven) Dienstleistungsfreiheit gesprochen.[301]

b) Passive Dienstleistungsfreiheit

Begibt sich der Leistungsempfänger zum Leistungserbringer in einen anderen Mitgliedstaat, wird von der passiven (auch negativen) Dienstleistungsfreiheit gesprochen. Diese Konstellation wird in Art. 57 Abs. 3 AEUV nicht explizit erwähnt. Sie ist jedoch eine nötige

---

[297] Calliess/Ruffert/Winfried Kluth, AEUV Art. 57, Rn. 7; Boehme-Neßler/Schmidt-Rögnitz/Markovska, Wirtschaftsrecht, S. 20.

[298] Boehme-Neßler/Schmidt-Rögnitz/Markovska, Wirtschaftsrecht, S. 20.

[299] Boehme-Neßler/Schmidt-Rögnitz/Markovska, Wirtschaftsrecht, S. 20; Ahlt/Dittert, Europarecht, S. 242.

[300] Boehme-Neßler/Schmidt-Rögnitz/Markovska, Wirtschaftsrecht, S. 19 f.; Ahlt/Dittert, Europarecht, S. 243.

[301] Ahlt/Dittert, Europarecht, S. 243; Boehme-Neßler/Schmidt-Rögnitz/Markovska, Wirtschaftsrecht, S. 20.

Ergänzung zur aktiven Dienstleistungsfreiheit, besonders mit Blick auf die wichtige Tourismusbranche.[302]

c) Korrespondenzdienstleistung

In immer mehr Branchen kann eine Dienstleistung auch auf Grund der Möglichkeiten die das Internet bietet, ohne persönlichen Einsatz vor Ort erbracht werden. Der für den Vollzug der Dienstleistung erforderliche Informations- und Leistungsaustausch erfolgt auf Distanz im Rahmen der Korrespondenz.[303] Verbleiben Leistungserbringer und Leistungsempfänger in ihren jeweiligen Mitgliedstaaten und lediglich die Leistung überschreitet die Grenze, spricht man von der Korrespondenzdienstleistung (oder Produktverkehrsfreiheit), welche zum Beispiel bei Rundfunk- und Fernsehsendungen[304], der Übersendung von Bauplänen oder dem Abschluss von Versicherungsverträgen zum Tragen kommt.[305]

II. System der Schranken

Ob eine Beschränkung der Grundfreiheiten gerechtfertigt ist, bestimmt sich nach ständiger Rechtsprechung des EuGH[306] an vier Voraussetzungen.

1. Die nationale Maßnahme darf aus Anlass der Staatsangehörigkeit nicht (offen) diskriminieren,

2. sonstige Beschränkungen sind nur aus zwingenden Gründen des Allgemeininteresses zulässig,

3. diese müssen geeignet sein, die Verwirklichung des mit ihnen verfolgten Zieles zu gewährleisten und

4. dürfen nicht über das hinausgehen, was zur Erreichung des Zieles erforderlich ist.[307]

Um eine Europakonformität zu bejahen, müssen die angeführten Rechtfertigungsgründe kumulativ vorliegen.[308] Ist dies nicht der Fall, ist die jeweilige nationale Beschränkung nicht anzuwenden.[309]

---

[302] EuGH, Urteil vom 31.01.1984 – Rs. 286/82, 26/83, NJW 1984, S. 1288 (1289); EuGH, Urteil vom 29.04.1999 - Rs. C-224–97, NJW 1999, S. 2355 - Leitsatz; Ahlt/Dittert, Europarecht, S. 243; Boehme-Neßler/Schmidt-Rögnitz/Markovska, Wirtschaftsrecht, S. 20.

[303] Calliess/Ruffert/Winfried Kluth, AEUV Art. 57, Rn. 32.

[304] EuGH, Urteil vom 13.07.2004 - C-429/02, EuZW 2004, S. 497 – Tenor.

[305] EuGH, Urteil vom 13.07.2004 - C-429/02, EuZW 2004, S. 497 – Tenor; Ahlt/Dittert, Europarecht, S. 243; Boehme-Neßler/Schmidt-Rögnitz/Markovska, Wirtschaftsrecht, S. 20.

[306] EuGH, Urteil vom 31.03.1993 – Rs. C-19/92, NVwZ 1993, S. 661, Rn. 37; EuGH, Urteil vom 30.11.1995 - Rs. C-55/94, NJW 1996, S. 579, Rn. 37; EuGH, Urteil vom 23.11.1999 - C-369/96, BeckRS 2004, 76800, Rn. 34.

[307] EuGH, Urteil vom 30.11.1995 - Rs. C-55/94, NJW 1996, S. 579, Rn. 37; Calliess/Ruffert/Winfried Kluth, AEUV Art. 57, Rn. 72; Kleine-Cosack-RDG, S. 58, Rn. 61; Ahlt/Dittert, Europarecht, S. 246 f.; Albrecht, Rechtsberatung, S. 206.

[308] Calliess/Ruffert/Winfried Kluth, AEUV Art. 57, Rn. 73.

[309] Calliess/Ruffert/Winfried Kluth, AEUV Art. 57, Rn. 51.

III. Der Eingriff in die Dienstleistungsfreiheit der Wirtschaftsjuristen

Beschränkungen der Korrespondenz-, der aktiven und passiven Dienstleistungsfreiheit sind, innerhalb der Union für Angehörige der Mitgliedstaaten, nach Maßgabe der Artt. 56 bis 62 AEUV verboten (Art. 56 AEUV).[310]

Das RDG erlaubt Wirtschaftsjuristen nur sehr eingeschränkt die Erbringung von außergerichtlichen Dienstleistungen, welche im Zusammenhang mit rechtlichen Aspekten stehen. Die Erbringung von außergerichtlichen Rechtsdienstleistungen auf dem Gebiet des Wirtschaftsrechts wird faktisch verboten, sobald sie eine rechtliche Prüfung des Einzelfalls erfordert (§ 2 Abs. 1 RDG).[311] Die Erbringung von außergerichtlichen Rechtsdienstleistungen im Rahmen der Korrespondenz- und der passiven Dienstleistung ist Wirtschaftsjuristen in Deutschland somit grundsätzlich verboten.

In die Dienstleistungsfreiheit von qualifizierten Wirtschaftsjuristen greift der deutsche Gesetzgeber hier mit dem Argument ein, „die Rechtsuchenden, den Rechtsverkehr und die Rechtsordnung vor unqualifizierten Rechtsdienstleistungen schützen zu wollen" (§ 1 Abs. 1 Satz 2 RDG).

Wie vorangehend ausführlich besprochen[312], ist diese Begründung in Bezug auf die Erbringung von außergerichtlichen Rechtsdienstleistungen durch Wirtschaftsjuristen auf dem Gebiet des Wirtschaftsrechts unhaltbar und der Eingriff nicht verfassungskonform. Die tatsächlich bestehende Qualifikation der Wirtschaftsjuristen auf Ihrem Fachgebiet darf nicht übergangen werden.[313]

Fraglich ist nun, ob die Beschränkung der Dienstleistungsfreiheit der Wirtschaftsjuristen den europarechtlichen Vorgaben standhält.

Hierfür ist zu prüfen, ob eine Bereichsausnahme (im Sinne von Art. 62, 51 AEUV) besteht. Auch ist zu prüfen, ob gemeinschaftliches Sekundärrecht besteht, welchem entsprochen werden muss. Ist dies nicht gegeben, muss sich der Eingriff am Schrankensystem messen lassen.

1. Bereichsausnahme

Auf Tätigkeiten, die in einem Mitgliedstaat dauernd oder zeitweise mit der Ausübung öffentlicher Gewalt verbunden sind, findet die Dienstleistungsfreiheit keine Anwendung (Art. 51 AEUV).

---

[310] Dazu EuGH, Urteil vom 31.01.1984 – Rs. 286/82, 26/83, NJW 1984, S. 1288 (1289); EuGH, Urteil vom 29.04.1999 - Rs. C-224–97, NJW 1999, S. 2355 - Leitsatz; EuGH, Urteil vom 13.07.2004 - C-429/02, EuZW 2004, S. 497 – Tenor; Ahlt/Dittert, Europarecht, S. 243; Boehme-Neßler/Schmidt-Rögnitz/Markovska, Wirtschaftsrecht, S. 20.

[311] Wie schon ausführlich im verfassungsrechtlichen Teil besprochen (F. III.).

[312] Siehe unter F. III.

[313] So die Moko S. 394, Rn. 1023.

Unter dem Begriff der „öffentlichen Gewalt" soll die Möglichkeit verstanden werden, dem Bürger gegenüber von Sonderrechten, Hoheitsprivilegien und Zwangsbefugnissen Gebrauch machen zu können.[314] Folgt man diesem Verständnis, kann die Tätigkeit des Wirtschaftsjuristen nicht mit der Ausübung öffentlicher Gewalt verbunden sein. Er genießt keine Sonderrechte, Hoheitsprivilegien oder besondere Zugangsbefugnisse, von denen er gegenüber dem Bürger Gebrauch machen könnte. Eine Bereichsausnahme entsprechend Art. 51 AEUV liegt somit nicht vor. Die Vorschriften zur Dienstleistungsfreiheit (Artt. 56 – 62 AEUV) sind demnach anwendbar.

2. Sekundärrecht

Da eine Bereichsausnahme nicht besteht, ist zu prüfen, ob gemeinschaftliches Sekundärrecht der staatlichen Beschränkung entgegensteht. Hier sind vor allem die Berufsqualifikationsrichtlinie[315] und die Dienstleistungsrichtlinie[316] zu beachten.

a) Richtlinie über die Anerkennung von Berufsqualifikationen

Diese Richtlinie regelt die Voraussetzungen der gegenseitigen Anerkennung von Berufsqualifikationen durch die Mitgliedstaaten. Sie beschränkt sich auf den Zugang zu den sogenannten reglementierten Berufen (Art. 1 RL 2005/36/EG).[317]

Ein „reglementierter Beruf" ist eine berufliche Tätigkeit oder eine Gruppe beruflicher Tätigkeiten, bei der die Aufnahme oder Ausübung oder eine der Arten der Ausübung direkt oder indirekt durch Rechts- und Verwaltungsvorschriften an den Besitz bestimmter Berufsqualifikationen gebunden ist. Eine Art der Ausübung ist insbesondere die Führung einer Berufsbezeichnung, die durch Rechts- oder Verwaltungsvorschriften auf Personen beschränkt ist, die über eine bestimmte Berufsqualifikation verfügen (Art. 3 Abs. 1 lit. a. RL 2005/36/EG). Dies wird dann angenommen, wenn die betreffende Tätigkeit ausdrücklich Personen vorbehalten ist, die bestimmte Voraussetzungen erfüllen und alle anderen von der Aufnahme oder Ausübung dieser Tätigkeit ausgeschlossen sind.[318] Damit ein Beruf als reglementiert gilt, muss er zugelassen sein.[319]

Der Beruf des Wirtschaftsjuristen ist in Deutschland weder zugelassen noch ist die Aufnahme und Ausübung dieses Berufes durch Rechts- und Verwaltungsvorschriften nur

---

[314] Calliess/Ruffert/Bröhmer, AEUV Art. 51, Rn. 6.

[315] Richtlinie 2005/36/EG vom 07.09.2005 über die Anerkennung von Berufsqualifikationen, ABl. EG L 255, S. 22.

[316] Richtlinie 2006/123/EG vom 12.12.2006 über Dienstleistungen im Binnenmarkt, ABl. EG L 376, S. 36.

[317] Albrecht, Rechtsberatung, S. 213.

[318] EuGH, Urteil vom 11.07.2002 - C-294/00, http://lexetius.com/2002,953, Rn. 35, letzter Zugriff 19.06.2014, 11.15 Uhr ; Albrecht, Rechtsberatung, S. 213.

[319] EuGH, Urteil vom 11.07.2002 - C-294/00, http://lexetius.com/2002,953, Rn. 36, letzter Zugriff 19.06.2014, 11.15 Uhr; Albrecht, Rechtsberatung, S. 213.

bestimmten Personen vorbehalten. Der Beruf gilt dementsprechend als nicht reglementiert. Das hat zur Folge, dass die Berufsqualifikationsrichtlinie nicht anwendbar ist.

b) Richtlinie über Dienstleistungen im Binnenmarkt

Diese Richtlinie bezweckt den weiteren Abbau von Beschränkungen der Niederlassungsfreiheit sowie der Dienstleistungsfreiheit zur Schaffung eines wirklichen Binnenmarktes innerhalb der Europäischen Union.[320] Sie unterscheidet zwischen der Niederlassungsfreiheit und der Dienstleistungsfreiheit (Art. 1 Abs. 1 RL 2006/123/EG) und gilt für Dienstleistungen, die von einem im Mitgliedstaat niedergelassenen Dienstleistungserbringer ange-angeboten werden (Art. 2 Abs. 1 RL 2006/123/EG). Der Anwendungsbereich wäre für Wirtschaftsjuristen, die in Deutschland Rechtsdienstleistungen im Rahmen der Korrespondenz- und der passiven Dienstleistung erbringen wollen, somit eröffnet. Geregelt wird die Dienstleistungsfreiheit in Kapitel IV der Richtlinie.

Gemäß Art. 16 RL 2006/123/EG dürfen die Mitgliedstaaten die Aufnahme oder Ausübung einer Dienstleistungstätigkeit in ihrem Hoheitsgebiet nicht von Anforderungen abhängig machen, die direkt oder indirekt aufgrund der Staatsangehörigkeit die Dienstleistungserbringer diskriminieren (Art. 16 Abs. 1 lit. a RL 2006/123/EG). Weiterhin müssen die Anforderungen aus Gründen der öffentlichen Ordnung, der öffentlichen Sicherheit, der öffentlichen Gesundheit oder des Schutzes der Umwelt gerechtfertigt (Art. 16 Abs. 1 lit. b RL 2006/123/EG) und zur Verwirklichung des mit ihr verfolgten Ziels geeignet sein. Sie dürfen auch nicht über das hinausgehen, was zur Erreichung dieses Ziels erforderlich ist (Art. 16 Abs. 1 lit. c RL 2006/123/EG).

Art. 16 der Richtlinie gilt jedoch nicht uneingeschränkt für sämtliche Dienstleistungen. Gemäß Art. 17 Nr. 6 RL 2006/123/EG findet Art. 16 keine Anwendung auf die Angelegenheiten, die unter Titel II (Dienstleistungsfreiheit) der Richtlinie 2005/36/EG (Berufsqualifikationsrichtlinie) fallen sowie auf Anforderungen im Mitgliedstaat der Dienstleistungserbringung, die eine Tätigkeit den Angehörigen eines bestimmten Berufs vorbehalten.

Auf die außergerichtliche Erbringung von Rechtsdienstleistungen durch Wirtschaftsjuristen findet Art. 16 der Richtlinie somit keine Anwendung, weil diese grundsätzlich der Anwaltschaft vorbehalten ist (§ 3 RDG i.V.m. § 3 BRAO).[321]

3. Die Dienstleistungsfreiheit im Lichte der Artikel 56 ff. AEUV

In Anbetracht dessen, dass die Berufsqualifikationsrichtlinie 2005/36/EG nicht anwendbar ist und sich aus der Dienstleistungsrichtlinie 2006/123/EG ergibt, dass sich Wirtschaftsju-

---

[320] Richtlinie 2006/123/EG, ABl. EG L 376, S. 36, Erwägungsgrund (5 f.); Albrecht, Rechtsberatung, S. 214.
[321] Ausführlicher zur Richtlinie Albrecht, Rechtsberatung, S. 214 f.

risten nicht auf die Dienstleistungsfreiheit (Art. 16 der Richtlinie) stützen können, ist die Beschränkung der Dienstleistungsfreiheit im Einklang mit Artt. 56 ff. AEUV auszulegen.[322] Ob diese gerechtfertigt ist, bestimmt sich nach ständiger Rechtsprechung des EuGH[323] an den vier bereits genannten Voraussetzungen[324], welche kumulativ vorliegen müssen.[325] Nicht nur Diskriminierungen aufgrund der Staatsangehörigkeit, auch alle Beschränkungen des freien Dienstleistungsverkehrs selbst unterliegen diesem Schrankenquartett, wenn diese unterschiedslos für inländische und ausländische Dienstleistende bzw. für inländische und ausländische Dienstleistungsempfänger gelten.[326]

a) Diskriminierung aufgrund der Staatsangehörigkeit

Diskriminierungen aufgrund der Staatsangehörigkeit sind nach ständiger Rechtsprechung[327] durch Art. 56 AEUV verboten. Unterschieden wird hier in unmittelbare (direkte, offene) und mittelbare (indirekte, versteckte) Diskriminierungen.[328] Unmittelbare Diskriminierungen können nur aus den geschriebenen Rechtfertigungsgründen (Artt. 52, 62 AEUV) begründet werden, wohingegen mittelbare Diskriminierungen und unterschiedslos geltende Beschränkungen auch aus sonstigen Gründen des Allgemeininteresses gerechtfertigt sein können.[329]

Eine Diskriminierung aufgrund der Staatsangehörigkeit liegt hier jedoch nicht vor, weil das RDG dem Inländer genau wie dem Ausländer regelmäßig die Besorgung fremder Rechtsangelegenheiten verwehrt.[330] Dementsprechend ist die Beschränkung hier als sonstige Beschränkung zu prüfen.

b) Sonstige Beschränkung des Dienstleistungsverkehrs

Oft stellt das Recht der Mitgliedstaaten besondere Anforderungen an die berufliche Qualifikation. Im besonderen Maße gilt dies für die sogenannten freien und andere reglementierte Berufe. Diese, mit Blick auf die (nationale) Berufsfreiheit, besonders rechtfertigungsbedürftigen Regelungen führen im Bereich der (internationalen) Dienstleistungsfreiheit ebenfalls zu Beschränkungen und zwar auch dann, wenn sie unterschiedslos

---

[322] EuGH, Urteil vom 21.03. 2002 - Rs. C-451/99, EuZW 2002, S. 444 Rn. 53 ff; Ahlt/Dittert, Europarecht, S. 242.

[323] EuGH NVwZ 1993, S. 661, Rn. 37; EuGH NJW 1996, S. 579, Rn. 37; EuGH BeckRS 2004, 76800, Rn. 34.

[324] Siehe unter G. II.

[325] Calliess/Ruffert/Winfried Kluth, AEUV Art. 57, Rn. 73.

[326] EuGH (Große Kammer), Urteil vom 08.09.2009 - C-42/07, EuZW 2009, S. 689, Rn. 51; Calliess/Ruffert/Winfried Kluth, AEUV Art. 57, Rn. 74 f.; Ahlt/Dittert, Europarecht, S. 246.

[327] EuGH (Große Kammer), Urteil vom 08.09.2009 - C-42/07, EuZW 2009, S. 689, Rn. 51.

[328] Calliess/Ruffert/Winfried Kluth, AEUV Art. 57, Rn. 74 f.; Ahlt/Dittert, Europarecht, S. 246.

[329] EuGH, Urteil vom 03.10.2002 - C-136/00, DStRE 2002, S. 1441 (1445); Calliess/Ruffert/Winfried Kluth, AEUV Art. 57, Rn. 74; Ahlt/Dittert, Europarecht, S. 246.

[330] So auch Kleine-Cosack-RDG, S. 58, Rn. 62.

angewandt werden[331] - so wie hier vorliegend durch die Beschränkung der Korrespondenz- und der passiven Dienstleistungsfreiheit der Wirtschaftsjuristen im außergerichtlichen Rechtsdienstleistungssektor.

aa) Zwingende Gründe der Allgemeinheit

Fraglich ist, ob der Schutzzweck des RDG „die Rechtsuchenden, den Rechtsverkehr und die Rechtsordnung vor unqualifizierten Rechtsdienstleistungen zu schützen" (§ 1 Abs. 1 Satz 2 RDG) als zwingender Grund im Allgemeininteresse anzuerkennen ist.

Der EuGH stellte dazu fest, dass eine nationale Regelung, die offensichtlich Empfänger von Dienstleistungen vor Schäden bewahren soll, die ihnen dadurch entstehen könnten, dass sie Rechtsrat von Personen erhalten, die nicht die erforderliche berufliche oder persönliche Qualifikation besitzen, durch zwingende Gründe der Allgemeinheit begründet sind.[332]

Ein zwingender Grund im Interesse der Allgemeinheit ist im Lichte der Rechtsprechung des EuGH[333] somit anzunehmen.

bb) Geeignetheit und Erforderlichkeit der Beschränkung

Ob die im Allgemeininteresse liegende Beschränkung nun geeignet und erforderlich ist, die Verwirklichung des mit ihr verfolgten Ziels zu gewährleisten und nicht über das hinausgeht, was zur Erreichung des Ziels erforderlich ist[334], bleibt zu hinterfragen.

Der vom EuGH[335] entwickelte auf Eignung und Erforderlichkeit abstellende Prüfungsmaßstab entspricht dem Prüfungsmaßstab des nationalen deutschen Rechts[336], weshalb die schon in der Prüfung zur Verfassungsmäßigkeit[337] dargebrachten Argumente hier gleichfalls maßgeblich sind. Die Beschränkung ist geeignet „die Rechtsuchenden, den Rechtsverkehr und die Rechtsordnung vor unqualifizierten Rechtsdienstleistungen zu schützen" (§ 1 Abs. 1 Satz 2 RDG)[338], erforderlich ist sie jedoch nicht, weil Wirtschaftsjuristen auf dem Gebiet des Wirtschaftsrechts nicht unqualifiziert sind.[339]

---

[331] Calliess/Ruffert/Winfried Kluth, AEUV Art. 57, Rn. 83.

[332] EuGH, Urteil vom 25.07.1991 – Rs. C-76/90, NJW 1991, S. 2693, Rn. 16 f.; dazu auch Albrecht, Rechtsberatung, S. 206.

[333] EuGH, Urteil vom 25.07.1991 – Rs. C-76/90, NJW 1991, S. 2693.

[334] EuGH, Urteil vom 31.03.1993 – Rs. C-19/92, NVwZ 1993, S. 661, Rn. 37; EuGH, Urteil vom 30.11.1995 - Rs. C-55/94, NJW 1996, S. 579, Rn. 37; EuGH, Urteil vom 23.11.1999 - C-369/96, BeckRS 2004, 76800, Rn. 34; dazu auch Kleine-Cosack-RDG, S. 58, Rn. 61; Ahlt/Dittert, Europarecht, S. 246 f.; Albrecht, Rechtsberatung, S. 206.

[335] EuGH, Urteil vom 31.03.1993 – Rs. C-19/92, NVwZ 1993, S. 661, Rn. 37; EuGH, Urteil vom 30.11.1995 - Rs. C-55/94, NJW 1996, S. 579, Rn. 37; EuGH, Urteil vom 23.11.1999 - C-369/96, BeckRS 2004, 76800, Rn. 34.

[336] Kluth/Goltz/Kujath, Die Zukunft der freien Berufe in der Europäischen Union, S. 119 ff.; Pischel, GRUR 2006, S. 630 (634); Albrecht, Rechtsberatung, S. 207.

[337] Siehe dazu ausführlich unter F.

[338] Siehe dazu F. III. 1.

[339] Siehe dazu F. III. 2.

IV. Ergebnis

Bei der vorliegenden Beschränkung der Dienstleistungsfreiheit handelt es sich um eine sonstige Beschränkung, da eine Diskriminierung aufgrund der Staatsangehörigkeit nicht gegeben ist. Die Beschränkung liegt im Interesse der Allgemeinheit. Sie ist auch geeignet das verfolgte Ziel zu gewährleisten.

Sie ist jedoch nicht erforderlich, weil Wirtschaftsjuristen auf dem Gebiet des Wirtschaftsrechts keine unqualifizierten Personen sind. Durch außergerichtliche Rechtsdienstleistungen auf ihrem Fachgebiet werden die Rechtsuchenden, der Rechtsverkehr und die Rechtsordnung nicht durch unqualifizierte Rechtsdienstleistungen gefährdet und bedürfen somit keines Schutzes. Eine Gefährdung des Schutzzwecks des Rechtsdienstleistungsgesetzes erschließt sich dementsprechend nicht.

Die nötigen Voraussetzungen für eine erfolgreiche Rechtfertigung der Beschränkung der Dienstleistungsfreiheit erfüllt das RDG in Bezug auf außergerichtliche Rechtsdienstleistung durch Wirtschaftsjuristen daher nicht. Die Beschränkung ist somit nicht mit dem europäischen Recht vereinbar.

H. Fazit

Die Dienstleistungen, die das RDG vorsieht, dürfen durch Wirtschaftsjuristen meist unter bestimmten Voraussetzungen erbracht werden.

Dienstleistungen, die „keine Rechtsdienstleistungen" im Sinne des § 2 Abs. 3 RDG sind, können Möglichkeiten für den Aufbau einer Selbständigkeit für Wirtschaftsjuristen darstellen. Interessant sind hier lediglich die Erstellung von Gutachten (§ 2 Abs. 3 Nr. 1 RDG), die Durchführung von schiedsrichterlichen bzw. schlichtenden Tätigkeiten (§ 2 Abs. 3 Nr. 2 RDG), die Mediation (§ 2 Abs. 3 Nr. 4 RDG) sowie die Erörterung von Rechtsfragen in den Medien (§ 2 Abs. 3 Nr. 5 RDG).

Der Gesetzgeber gestattet die erwähnten Tätigkeiten, weil er sich über die praktischen Auswirkungen der Freistellung bewusst ist. Denn die sich bietenden Gelegenheiten lassen sich regelmäßig in der Praxis nur schwer ergreifen. In den Fällen der Erstellung von Gutachten, schiedsrichterlichen und schlichtenden Tätigkeiten und der Erörterung von Rechtsfragen in den Medien werden Mandate regelmäßig nur an Juristen mit entsprechendem Ruf und jahrelanger praktischer Erfahrung auf dem jeweiligen Rechtsgebiet erteilt. Absolventen, die unmittelbar nach Abschluss des Studiums die freigestellten Dienstleitungen erbringen wollen, werden nur in seltenen Fällen eine die Existenz tragende Selbständigkeit errichten können.

Von besonderem Interesse dürfte für Wirtschaftsjuristen der Mediationsmarkt sein. Dieser scheint die größte Chance für den Aufbau einer Selbständigkeit zu bieten. Entsprechend

§ 5 Abs. 1 MediationsG stellt der Mediator in eigener Verantwortung sicher, dass er über die nötigen theoretischen Kenntnisse sowie praktischen Erfahrungen verfügt. Wirtschaftsjuristen sollten die Konkurrenzlage jedoch möglichst genau analysieren, weil aufgrund dieser niedrigen Eintrittsbarriere der Mediationsmarkt entsprechend stark umkämpft ist. Als potentieller Anbieter von Mediationsdienstleistungen sollte man daher versuchen, sein Angebot im Angebotsdschungel herausstechen zu lassen.

Uninteressant hingegen sind die Erörterung der die Beschäftigten berührenden Rechtsfragen mit ihren gewählten Interessenvertretungen (§ 2 Abs. 3 Nr. 3 RDG) sowie die Erledigung von Rechtsangelegenheiten innerhalb verbundener Unternehmen (§ 2 Abs. 3 Nr. 6 RDG). Diese Regelungen zielen auf eine abhängige Beschäftigung ab.

Ebenfalls uninteressant ist für Wirtschaftsjuristen, bei denen das Kerngeschäft in der Erbringung juristischer Rechtsdienstleistungen liegen soll, § 5 Abs. 1 RDG, welcher die Erbringung von Rechtsdienstleistungen als Nebenleistung gestattet. Gleiches gilt für die in § 5 Abs. 2 RDG geregelten Nebenleistungen (Testamentsvollstreckung, Haus- und Wohnungsverwaltung sowie Fördermittelberatung).

Die unentgeltliche Erbringung von außergerichtlichen Rechtsdienstleistungen (§ 6 RDG) verschafft Wirtschaftsjuristen auch keine Möglichkeit, weil im unentgeltlichen Bereich nicht die Gewinnerzielungsabsicht im Mittelpunkt steht und eine Selbständigkeit damit nicht finanziert werden kann.

Die Erbringung von Rechtsdienstleistungen durch Berufs- und Interessenvereinigungen oder Genossenschaften (§ 7 RDG) bietet Wirtschaftsjuristen auch keine Möglichkeit zum Aufbau einer Selbständigkeit. Die außergerichtliche Rechtsdienstleistung darf nicht alleiniger Satzungszweck sein, welche zudem nur im abhängigen Beschäftigungsverhältnis erbracht werden dürfte.

Mit Blick auf § 8 RDG zeigt Abs. 1 Nr. 1 (in Form der Mandatserteilung durch gerichtliche oder behördliche Stellen) jedoch bedingt Chancen zum Aufbau einer Selbständigkeit auf. Hier dürfte der Aufbau einer Selbständigkeit aber regelmäßig an der nötigen Infrastruktur, den fehlenden Kontakten oder dem nicht ausreichenden Ruf scheitern.

Im Rahmen von Rechtsdienstleistungen aufgrund besonderer Sachkunde (§ 10 RDG) sind keine der vorgegeben Möglichkeiten (Inkassodienstleistungen, Rentenberatung, Rechtsdienstleistungen in einem ausländischen Recht) wirklich relevant für Wirtschaftsjuristen. Bei der Erbringung von Inkassodienstleistungen (§ 10 Abs. 1 Satz 1 Nr. 1 RDG) wird es regelmäßig an der nötigen praktischen Sachkunde mangeln. Während es bei der Rentenberatung (§ 10 Abs. 1 Satz 1 Nr. 2 RDG) sowie bei Rechtsdienstleistungen in einem ausländischen Recht (§ 10 Abs. 1 Satz 1 Nr. 3 RDG) schon an der theoretischen Sachkunde mangeln wird.[340]

Die nach derzeitiger Gesetzeslage nötigen Kenntnisse einzuholen, ist mit hohem Aufwand verbunden, weshalb zu vermuten ist, dass viele Wirtschaftsjuristen es schwer haben werden, erfolgreich in den Markt einzutreten. Von den vorausgegangenen Möglichkeiten ist die Inkassodienstleistung jene mit dem größten Potential für interessierte Wirtschaftsjuristen. Hier muss mit großer Wahrscheinlichkeit „nur" noch die praktische Sachkunde nachgeholt werden. Die Eintrittsbarriere in den Markt ist somit im Vergleich zu den anderen Möglichkeiten niedriger, aber dennoch nicht zu unterschätzen.

Insgesamt bietet das RDG gesetzlich Möglichkeiten die Wirtschaftsjuristen ergreifen könnten, jedoch sind diese in der Praxis regelmäßig schwer bzw. kaum umsetzbar.

Die gesamte Bandbreite an Qualifikation der Wirtschaftsjuristen wird durch das RDG nicht erfasst. Es verbietet sogar die Erbringung außergerichtlicher Rechtsdienstleistungen durch selbständige Wirtschaftsjuristen, die es nicht explizit vorsieht.

Dem § 19 HRG, der Bachelor- und Masterabsolventen einen berufsqualifizierenden Abschluss sichern soll, genügt diese Gesetzeslage nicht. Er unterscheidet nicht zwischen einer Qualifikation für eine freiberufliche oder abhängige Beschäftigung. Es ist unverständlich, dass eine Qualifikation zur Erbringung einer Rechtsdienstleistung im abhängigen Beschäftigungsverhältnis ausreichend sein soll, im Bereich der Selbständigkeit jedoch nicht. Zumal sich solch eine Situation den Unternehmen nur schwerlich vermitteln lässt, wenn es darum geht Wirtschaftsjuristen einzustellen.

Auch die übrigen Argumente des Gesetzgebers können den Eingriff in die Berufs- und Dienstleistungsfreiheit nicht rechtfertigen, was letztlich dazu führt, dass das RDG in seiner aktuellen Fassung weder verfassungsgemäß noch europarechtskonform ist.

Wird über die nationalen Grenzen geschaut, ist festzustellen, dass in mehr als der Hälfte der betrachteten Länder kein Anwaltsmonopol für außergerichtliche Rechtsdienstleistungen besteht. In einigen Staaten kann sogar jeder, der sich berufen fühlt, grundsätzlich außergerichtliche und gerichtliche Rechtsdienstleistungen erbringen. Auch wird überwiegend die gelegentliche und unentgeltliche Rechtsdienstleistung in den betrachteten Ländern nicht eingeschränkt.

Im europäischen Raum geht der Trend in Richtung Deregulierung der Rechtsberatungsmärkte und somit weg vom reinen Anwaltsmonopol für außergerichtliche und gerichtliche Rechtsdienstleistungen.

Die Gesamtlage betrachtend, erschließt sich, dass der Gesetzgeber in Bezug auf die außergerichtliche Erbringung von Rechtsdienstleistungen durch Wirtschaftsjuristen im RDG

---

[340] Bei der Rechtsberatung im Recht der EU, kann die theoretische Sachkunde je nach Studienschwerpunkt ggf. ausreichend sein, es wird dann aber regelmäßig an der praktischen Sachkunde mangeln.

nachbessern sollte, um ein verfassungs- und europarechtskonformes Gesetz zu schaffen. Im Hinblick auf die Entwicklungen in den anderen Mitgliedstaaten wäre dies angebracht. Besonders in Bezug auf die Aussagen der Bundesregierung zum Zusammenwachsen Europas[341] erschließt sich nicht, warum der wachsenden Anzahl von Wirtschaftsjuristen der Markteintritt in Deutschland und Europa auf Basis der Selbständigkeit gesetzlich verweigert wird. Hier könnte der Eindruck entstehen, Wirtschaftsjuristen sollen in abhängige Beschäftigungsverhältnisse gedrängt werden, um auf dem Rechtsdienstleistungsmarkt nicht unnötig für Konkurrenz und Wettbewerb zu sorgen. Diese Ausgangslage verhindert Existenzgründungen, obwohl doch die KMU „das Herz der deutschen Wirtschaft"[342] sein sollen.

Erstrebenswert wäre, dass die Qualifikation der Wirtschaftsjuristen zukünftig verfassungsrechtlich und europarechtskonform korrekt gewertet und folglich auch im RDG mit der Erlaubnis zu Erbringung außergerichtlicher Rechtsdienstleistungen auf dem Gebiet des Wirtschaftsrechts entsprechend abgebildet wird.

---

[341] Bundeskanzlerin Merkel zur Zukunft Europas im ARD-Morgenmagazin, 07.06.2012, dazu http://www.tagesschau.de/inland/merkel2740.html, letzter Zugriff 25.06.2014, 10.58 Uhr.
[342] So die Bundesregierung, http://www.bundesregierung.de/Content/DE/Magazine/MagazinWirtschaftFinanzen/079/s1-das-herz-der-deutschen-wirtschaft.html, letzter Zugriff 25.06.2014, 11.14 Uhr.

Literaturverzeichnis

Ahlt, Michael /
Dittert, Daniel

Europarecht – Examenskurs für Rechtsreferendare –,
4. Auflage 2011
[zitiert: Ahlt/Dittert, Europarecht, S.]

Albrecht, Frauke

Rechtsdienstleistung und kein Ende – zur Verfassungswidrigkeit des RDG, GewA 2013, S. 7 ff.
[zitiert: Albrecht, GewA 2013, S.]

Rechtsberatung und Verfassungsrecht,
1. Auflage 2011
[zitiert: Albrecht, Rechtsberatung, S.]

Badura, Peter

Staatsrecht, Systemische Erläuterung des Grundgesetzes,
4. Auflage 2010
[zitiert: Badura, Staatsrecht, S.]

Bergmans, Bernhard

Auf dem Wege zu einem neuen Verständnis der Juristenberufe und Juristenausbildungen, ZRP 2013, S. 113
[zitiert: Bergmans, ZRP 2013, S.]

Boehme-Neßler, Volker /
Schmidt-Rögnitz, Andreas
(Hrsg.)

Wirtschaftsrecht, Basisbuch für Studium und Praxis,
2. Auflage 2005
[zitiert: Boehme-Neßler/Schmidt-Rögnitz/Bearbeiter, Wirtschaftsrecht, S.]

Bork, Reinhard

Einführung in das Insolvenzrecht,
7. Auflage 2014
[zitiert: Bork, Insolvenzrecht, S., Rn.]

Calliess, Christian /
Ruffert, Matthias

EUV/AEUV, Kommentar,
4. Auflage 2011
[zitiert: Calliess/Ruffert/Bearbeiter, AEUV Art., Rn.]

Detterbeck, Steffen

Öffentliches Recht, Ein Basislehrbuch zum Staatsrecht,

Verwaltungsrecht und Europarecht mit Übungsfällen,

9. Auflage 2013

[zitiert: Detterbeck, Öffentliches Recht, S., Rn.]

Dombek, Bernhard

"Rechtsberatungsmonopol" der Anwaltschaft - Berechtigung
und Grenzen, BRAK 2001, 98 ff.

[zitiert: Dombek, BRAK 2001, S.]

Harte-Bavendamm, Henning /
Henning-Bodewig, Frauke

Gesetz gegen den unlauteren Wettbewerb (UWG),

3. Auflage 2013

[zitiert: Harte-Bavendamm/Henning-Bodewig/Bearbeiter,

UWG §, Rn.]

Henssler, Martin

Neue Regeln für den deutschen Rechtsberatungsmarkt, DB
2008, S. 41 ff.

[zitiert: Henssler, DB 2008, S.]

Die Zukunft des Rechtsberatungsgesetzes, AnwBl. 2001, S.
525 ff.

[zitiert: Henssler, AnwBl. 2001, S.]

Horstmeier, Gerrit

Das neue Mediationsgesetz, Einführung in das neue Mediationsgesetz für Mediatoren und Medianden,

1. Auflage 2013

[zitiert: Horstmeier, Mediation, S., Rn.]

Ipsen, Jörn

Staatsrecht II, Grundrechte,

15. Auflage 2012

[zitiert: Ipsen, Staatsrecht II, S., Rn.]

Kleine-Cosack, Michael

Verfassungsbeschwerden und Menschenrechtsbeschwerde,

3. Auflage 2013

[zitiert: Kleine-Cosack, Verfassungsbeschwerden und Menschenrechtsbeschwerde, Kap., Rn.]

Kleine-Cosack, Michael

Rechtsdienstleistungsgesetz – Chancen und Grenzen für
Sachverständige, DS 2009, S. 179 ff.

[zitiert: Kleine-Cosack, DS 2009, S.]

Rechtsdienstleistungsgesetz, Kommentar,
2. Auflage 2008
[zitiert: Kleine-Cosack-RDG, S., Rn.]

Öffnung des Rechtsberatungsmarkts Rechtsdienstleistungsgesetz verabschiedet, BB 2007, S. 2637
[zitiert: Kleine-Cosack, BB 2007, S.]

Offener Wettbewerb auf dem Rechtsberatungsmarkt, DB
2006, S. 2797
[zitiert: Kleine-Cosack, BB 2006, S.]

Kluth, Winfried Legitimation und Reichweite des modifizierten Rechts-
dienstleistungsprivilegs der Rechtsanwälte nach dem
Rechtsdienstleistungsgesetz, GewA 2013,12 ff.
[zitiert: Kluth, GewA 2013, S.]

Kluth, Winfried / Die Zukunft der freien Berufe in der Europäischen Union,
Goltz, Ferdinand / Eine Untersuchung der europa- und verfassungsrechtlichen
Kujath, Karsten Vorgaben für das deutsche Recht der freien Berufe am Beispiel des Berufsrecht der Steuerberater, Baden-Baden 2005
[zitiert: Kluth/Goltz/Kujath, Die Zukunft der freien Berufe in
der Europäischen Union, S.]

Kramer, Helmut Stellungnahme zum Gesetzentwurf der Bundesregierung
zur Neuregelung des Rechtsberatungsrechts (Rechtdienst-
leistungsgesetz – RDG),
http://www.gesmat.bundesgerichtshof.de/gesetzesmaterialie
n/16_wp/rechtsberatung/Stellungnahme_Kramer.pdf, letzter
Zugriff 15.07.2014, 12.30 Uhr.
[zitiert: Kramer, Stellungnahme RDG, S.]

Krenzler, Michael (Hrsg.) Nomos Handkommentar zum Rechtsdienstleistungsgesetz,
1. Auflage 2010
[zitiert: Hk-RDG/Bearbeiter, §, Rn.]

Linse, Thomas / *Glaubitz, Anne*	„Insolvenzverwalter-Listing" – Chancen für den Steuerberater oder „Closed Shop"?, DStR 2010, S. 1497 ff. [zitiert: Linse/Glaubitz, DStR 2010, S.]
Mankowski, Peter	Unzulässige Wirtschaftsmediation durch Nicht-Anwalt, MDR 2001, S. 1197 ff. [zitiert: Mankowski, MDR 2001, S.]
Müller, Hans-Friedrich	Pro-Bono-Beratung nach dem neuen Rechtsdienstleistungsgesetz, MDR 2008, S. 357 ff. [zitiert: Müller, MDR 2008, S.]
Pape, Gerhard	Die Qual der Insolvenzverwalterauswahl: Viel Lärm um wenig, NZI 2006, S. 665 ff. [zitiert: Pape, NZI 2006, S.]
Pischel, Gerhard	Verfassungsrechtliche und europarechtliche Vorgaben für ein staatliches Glücksspielmonopol - Aktuelle Entwicklungen und Tendenzen, GRUR 2006, S. 630 ff. [zitiert: Pischel, GRUR 2006, S.]
Preußer, Julia	Taschenguide Recht, Gesellschaftsrecht, 5. Auflage 2009 [zitiert: Preußer, Gesellschaftsrecht, Kap.]
Rücker, Simone	Das Ende der Rechtsberatung durch jüdische Juristen, AnwBl 2007, S. 801 ff. [zitiert: Rücker, AnwBl 2007, S.]
Rüping, Hinrich	Rechtsanwälte und Rechtswahrer, AnwBl 2007, S. 809 ff. [zitiert: Rüping, AnwBl 2007, S.]
Sabel, Oliver	Das Gesetz zur Neuregelung des Rechtsberatungsrechts, AnwBl. 2007, S. 816 ff. [zitiert: Sabel, AnwBl. 2007, S.]

Sodan, Helge / *Ziekow, Jan*	Grundkurs Öffentliches Recht, Staats- und Verwaltungs-recht, 6. Auflage 2014 [zitiert: Sodan/Ziekow, Grundkurs Öffentliches Recht, S., Rn.]
Unseld, Julia / *Degen, Thomas*	Rechtsdienstleistungsgesetz, Kommentar, Auflage 2009 [zitiert: Unseld/Degen, RDG, §, Rn.]
Vogler, Ralf	Rechtsstellung und Akzeptanz von Absolventinnen und Absolventen wirtschaftsjuristischer Studiengänge, Auflage 2014 [zitiert: Vogler, wirtschaftsjuristische Studiengänge, §, S.]
Weitner, Malte	OVG Berlin-Brandenburg: Rechtsanwalt kann auch Rechtsdienstleister sein, GRUR-Prax 2014, S. 24. [zitiert: Weitner, GRUR-Prax 2014, S.]
Wissenschaftsrat	Perspektiven der Rechtswissenschaft in Deutschland. Situation, Analysen, Empfehlungen, 2012 [zitiert: Wissenschaftsrat, Rechtswissenschaft, S.]